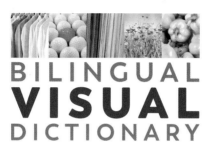

BILINGUAL
VISUAL
DICTIONARY

BILINGUAL VISUAL DICTIONARY

FIRST EDITION
Senior Editors Angeles Gavira, Angela Wilkes
Senior Art Editor Ina Stradins
Designed for DK by WaltonCreative.com
Language content for DK by g-and-w publishing

REVISED EDITION
DK LONDON
Senior Editors Christine Stroyan, Ankita Awasthi Tröger
Project Editor Amanda Eisenthal
Designer Thomas Keenes
Managing Editor Carine Tracanelli
Managing Art Editor Anna Hall
Production Controller Rebecca Parton
Senior Jacket Designer Surabhi Wadhwa Gandhi
Jacket Design Development Manager Sophia MTT
Publisher, DK Learning Sarah Forbes
Managing Director, DK Learning Hilary Fine

Translations by Andiamo! Language Services Ltd

DK INDIA
Editor Alka Thakur-Hazarika
Desk Editors Pankhoori Sinha, Joicy John
DTP Designers Anurag Trivedi, Satish Gaur, Rakesh Sharma
Assistant Picture Researchers Geetam Biswas, Shubhdeep Kaur
Senior Art Editor Vikas Chauhan
Managing Editor Saloni Singh
Managing Art Editor Govind Mittal
DTP Coordinator Tarun Sharma
Preproduction Manager Balwant Singh
Senior Jacket Coordinator Priyanka Sharma Saddi

DK US
US Proofreader Heather Wilcox
US Executive Editor Lori Cates Hand

This American Edition, 2024
First American Edition, 2022
Published in the United States by DK Publishing,
a division of Penguin Random House LLC
1745 Broadway, 20th Floor, New York, NY 10019

Copyright © 2022, 2024 Dorling Kindersley Limited
24 25 26 27 28 10 9 8 7 6 5 4 3 2 1
001–341948–Dec/2024

A catalog record for this book is available from the Library of Congress.
ISBN 978-0-5938-4410-6

DK books are available at special discounts when purchased in bulk for
sales promotions, premiums, fund-raising or educational use.
For details, contact: DK Publishing Special Markets,
1745 Broadway, 20th Floor, New York, NY 10019
SpecialSales@dk.com

**The corresponding free audio is available for a period
of at least 5 years from publication of this edition.**

Printed and bound in China

www.dk.com

contents
зміст

english • українська

про словник

Доведено, що використання зображень допомагає краще зрозуміти та запам'ятати інформацію. Саме за таким принципом створено цей ілюстрований словник, що містить широкий спектр лексики двома мовами.

Інформацію у словнику подано за найпоширенішими темами, що охоплюють різні аспекти нашого життя: від ресторану до спортзали, від дому до роботи, від космосу до тваринного світу. Також ви знайдете додаткові слова та фрази для вживання під час бесіди і для збагачення свого словникового запасу.

Словник стане важливим помічником для кожного, хто цікавиться мовами, — практичним, цікавим та зручним у використанні.

Зверніть увагу!
Слова та фрази у словнику завжди подано спочатку англійською, потім — українською.

Дієслова позначаються літерою (д), а в англійській — (v), наприклад:

cry (v)
плакати (д)

Прикметники та слова, що позначають людей і професії, позначаються через m для чоловічого роду та f для жіночого.

dentist
стоматолог m
стоматологиня f

fresh
свіжий m
свіжа f

Цей словник містить як британський, так і американський варіанти англійської мови. Якщо слово має різні варіанти написання або вимови, спочатку подається британська версія, потім американська. Кожна з них має позначки, відповідно (UK) і (US).

як користуватися цією книгою

Незалежно від того, вивчаєте ви нову мову для бізнесу, задля задоволення чи під час підготовки до перебування за кордоном, або ж бажаєте збагатити свій словниковий запас уже знайомої мови — цей словник стане цінним засобом навчання. Його можна використовувати по-різному.

Вивчаючи нову мову, зверніть увагу на так звані споріднені слова (ті, які схожі в різних мовах) та на «фальшивих друзів» (слова, схожі за звучанням, але із різним значенням). Також ви можете простежити вплив однієї мови на іншу. Так, наприклад, англійська запозичила багато слів — назв їжі з інших європейських мов, натомість подарувала іншим мовам різні терміни у сферах технологій та мистецтва.

Практичні поради щодо навчання
• Перебуваючи вдома, на роботі, у коледжі, пробуйте переглядати відповідні сторінки у словнику. А потім можете згорнути книгу, роздивитися довкола й визначити, скільки об'єктів і ситуацій зумієте назвати.
• Тренуйтеся писати історії, листи чи діалоги, використовуючи якомога більше вивчених слів.
Це допоможе краще засвоїти нове та запам'ятати, як пишеться та як інше слово. Якщо ви хочете практикуватись у написанні довших текстів, починайте зі складання речень, у що містять по 2–3 слова.
• Якщо у вас гарна візуальна пам'ять, намагайтесь малювати чи копіювати зображення зі словника на клаптик паперу, потім згортайте книгу та записуйте слова-назви під малюнками.
• Коли ви станете впевненішими у власних силах, обирайте іншомовні слова в алфавітному покажчику та намагайтеся пригадати їхнє значення самостійно. А вже потім перевіряйте, чи ви мали рацію, розгорнувши словник на відповідній сторінці.

безкоштовний аудіозастосунок

Аудіозастосунок містить усі англійські слова та фрази, що є у книзі, записані носіями британського й американського варіантів англійської мови. Прослуховування аудіо в застосунку полегшить вивчення важливої англійської лексики, а також покращить вашу вимову.

Аудіосупровід також доступний для всіх інших книг цієї серії.

як користуватися аудіозастосунком

Знайдіть «DK Visual Dictionary» у вашому магазині застосунків і безкоштовно завантажте його на ваш смартфон або планшет.
• Відкрийте застосунок і виберіть потрібне видання книги.
• Виберіть книгу з меню «Choose your book» (Вибрати книгу).
• Виберіть розділ зі змісту або введіть номер сторінки в рядку пошуку.
• Відсортуйте слова А-Я українською або A-Z англійською мовою.
• Щоб знайти потрібне слово чи фразу, прокрутіть список вгору або вниз.
• Щоб прослухати слово, натисніть на нього.

about the dictionary

The use of pictures is proven to aid understanding and the retention of information. Working on this principle, this highly illustrated bilingual dictionary presents a large range of useful current vocabulary in two European languages.

The dictionary is divided thematically and covers most aspects of the everyday world in detail.

This is an essential reference tool for anyone interested in languages – practical, stimulating, and easy to use.

A few things to note
The two languages are always presented in the same order: the English appears first with the Ukrainian below.

bus
автобус

grains
зернові

Verbs are indicated by a (v) after the English, for example:

cry (v)
плакати (д)

Adjectives and words for people and professions are indicated with *m* for masculine and *f* for feminine.

dentist
стоматолог *m*
стоматологиня *f*

fresh
свіжий *m*
свіжа *f*

This dictionary contains both British and American English. Where there are variants either in spelling or of the word itself, the British version is given first followed by the American, and each is clearly indicated as (UK) and (US).

toilets (UK) / restrooms (US)
туалети

Each language also has its own index at the back of the book. Here you can look up a word in either of the two languages and be referred to the page number(s) where it appears.

British and American English variants can also be found here.

how to use this book

Whether you are learning a new language for business, pleasure, or in preparation for time abroad, or are hoping to extend your vocabulary in an already familiar language, this dictionary is a valuable learning tool which you can use in a number of different ways.

When learning a new language, look out for cognates (words that are alike in different languages) and false friends (words that look alike but carry significantly different meanings). You can also see where the languages have influenced each other. For example, English has imported many terms for food from other European languages but, in turn, exported terms used in technology and popular culture.

Practical learning activities
• As you move about your home, workplace, or college, try looking at the pages which cover that setting. You could then close the book, look around you and see how many of the objects and features you can name.
• Challenge yourself to write a story, letter, or dialogue using as many of the terms on a particular page as possible. This will help you retain the vocabulary and remember the spelling. If you want to build up to writing a longer text, start with sentences incorporating 2–3 words.
• If you have a very visual memory, try drawing or tracing items from the book onto a piece of paper, then close the book and fill in the words below the picture.
• Once you are more confident, pick out words in a Ukrainian index and see if you know what they mean before turning to the relevant page to check if you were right.

free audio app

The DK Visual Dictionary app contains all the English words and phrases in the book, spoken by native English and American speakers. Listening to the audio in the app will make it easier to learn important English vocabulary and also improve your pronunciation. Audio is also available for all the other books in the series.

how to use the audio app

• Search for "DK Visual Dictionary" in your chosen app store and download the free app on your smartphone or tablet.
• Open the app and select your edition of the book.
• Select your book from the "Choose your book" menu.
• Select a chapter from the contents list or enter a page number in the search bar.
• Sort the words A–Z in Ukrainian or English.
• Scroll up or down through the list to find a word or phrase.
• Tap a word to hear it.

people
ЛЮДИ

body • тіло

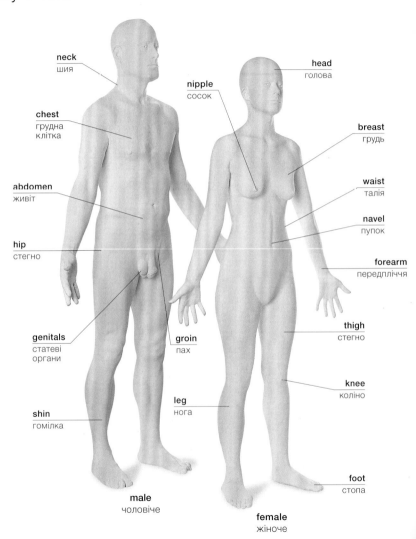

neck
шия

nipple
сосок

head
голова

chest
грудна
клітка

breast
грудь

abdomen
живіт

waist
талія

navel
пупок

hip
стегно

forearm
передпліччя

genitals
статеві
органи

groin
пах

thigh
стегно

knee
коліно

shin
гомілка

leg
нога

foot
стопа

male
чоловіче

female
жіноче

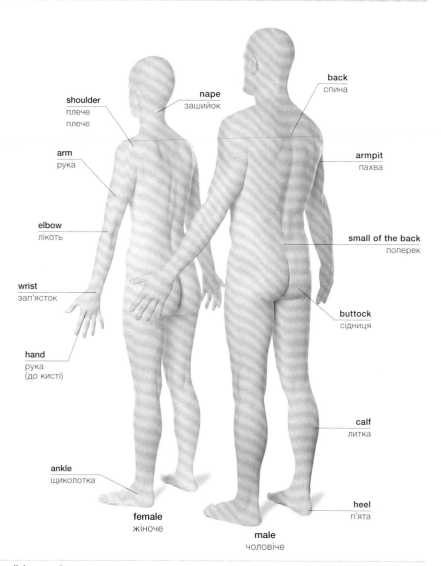

shoulder
плече
плече

nape
зашийок

back
спина

arm
рука

armpit
пахва

elbow
лікоть

small of the back
поперек

wrist
зап'ясток

buttock
сідниця

hand
рука
(до кисті)

ankle
щиколотка

calf
литка

heel
п'ята

female
жіноче

male
чоловіче

face • обличчя

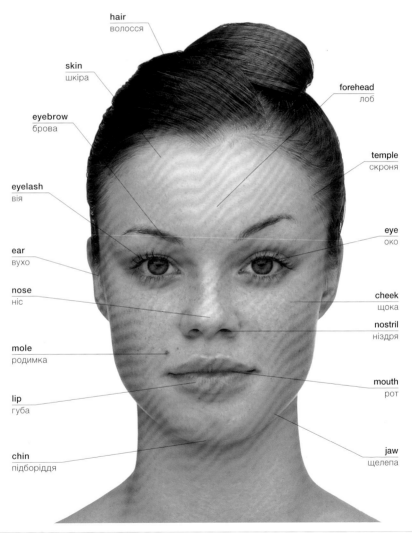

hair
волосся

skin
шкіра

forehead
лоб

eyebrow
брова

temple
скроня

eyelash
вія

eye
око

ear
вухо

nose
ніс

cheek
щока

nostril
ніздря

mole
родимка

mouth
рот

lip
губа

chin
підборіддя

jaw
щелепа

wrinkle
зморшка

freckle
веснянка

pore
пора

dimple
ямочка

hand • КИСТЬ

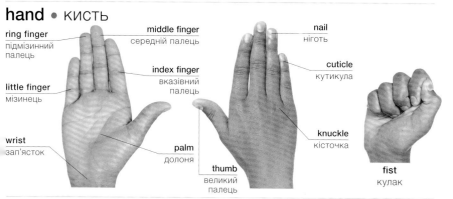

ring finger
підмізинний палець

middle finger
середній палець

nail
ніготь

index finger
вказівний палець

little finger
мізинець

cuticle
кутикула

wrist
зап'ясток

palm
долоня

knuckle
кісточка

thumb
великий палець

fist
кулак

foot • СТОПА

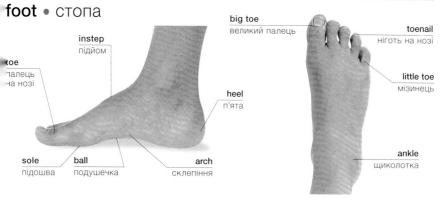

instep
підйом

big toe
великий палець

toenail
ніготь на нозі

toe
палець на нозі

little toe
мізинець

heel
п'ята

ankle
щиколотка

sole
підошва

ball
подушечка

arch
склепіння

muscles • м'язи

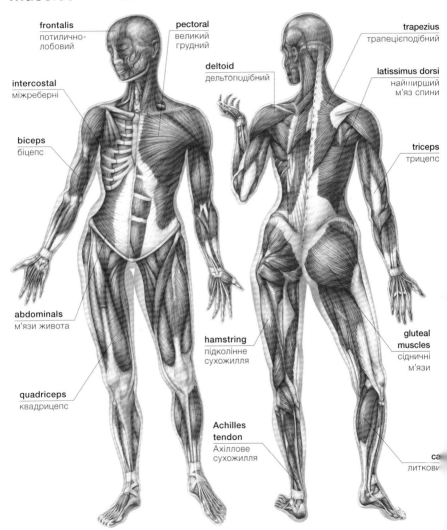

frontalis
потилично-
лобовий

pectoral
великий
грудний

deltoid
дельтоподібний

trapezius
трапецієподібний

latissimus dorsi
найширший
м'яз спини

intercostal
міжреберні

biceps
біцепс

triceps
трицепс

abdominals
м'язи живота

hamstring
підколінне
сухожилля

**gluteal
muscles**
сідничні
м'язи

quadriceps
квадрицепс

**Achilles
tendon**
Ахіллове
сухожилля

ca
литкови

skeleton • скелет

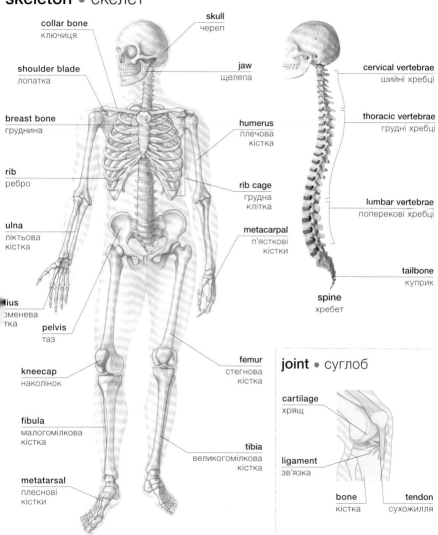

collar bone
ключиця

skull
череп

shoulder blade
лопатка

jaw
щелепа

breast bone
груднина

humerus
плечова
кістка

rib
ребро

rib cage
грудна
клітка

ulna
ліктьова
кістка

metacarpal
п'ясткові
кістки

...ius
...меневa
...тка

pelvis
таз

kneecap
наколінок

fibula
малогомілкова
кістка

tibia
великогомілкова
кістка

metatarsal
плеснові
кістки

femur
стегнова
кістка

cervical vertebrae
шийні хребці

thoracic vertebrae
грудні хребці

lumbar vertebrae
поперекові хребці

tailbone
куприк

spine
хребет

joint • суглоб

cartilage
хрящ

ligament
зв'язка

bone
кістка

tendon
сухожилля

internal organs • внутрішні органи

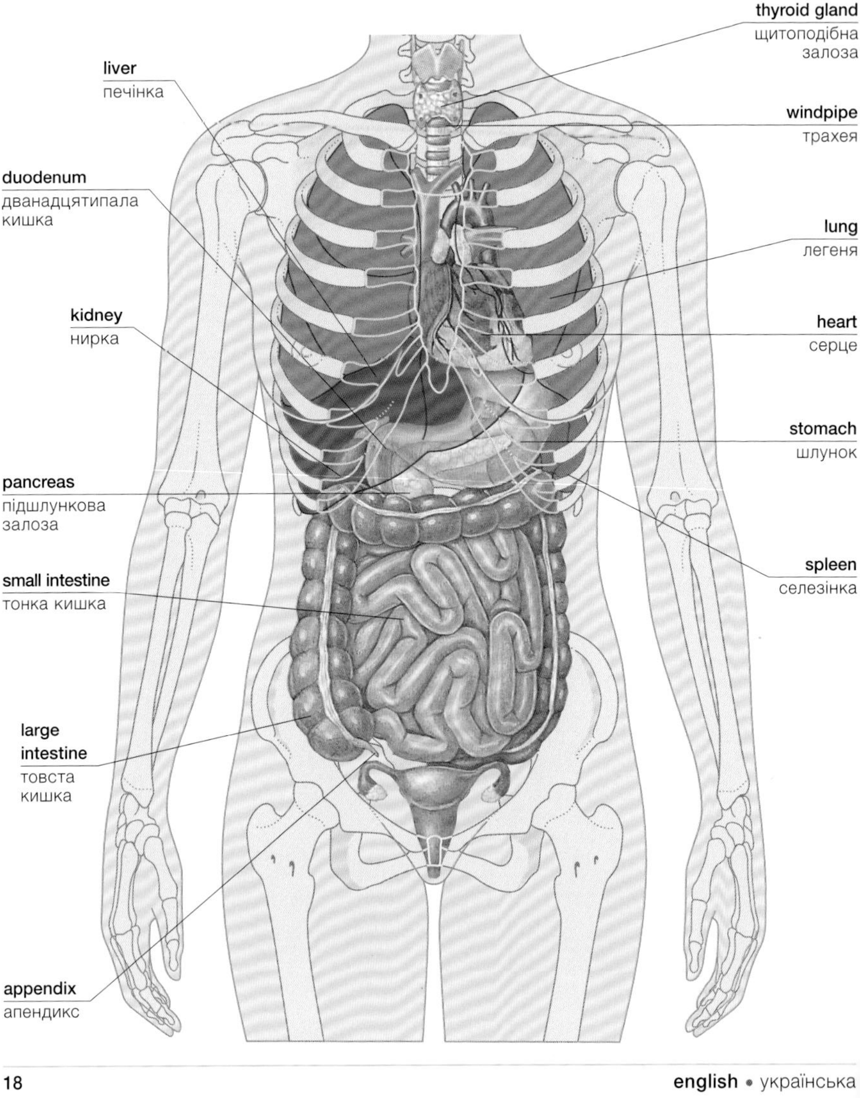

thyroid gland
щитоподібна
залоза

liver
печінка

windpipe
трахея

duodenum
дванадцятипала
кишка

lung
легеня

kidney
нирка

heart
серце

stomach
шлунок

pancreas
підшлункова
залоза

small intestine
тонка кишка

spleen
селезінка

large intestine
товста
кишка

appendix
апендикс

head • голова

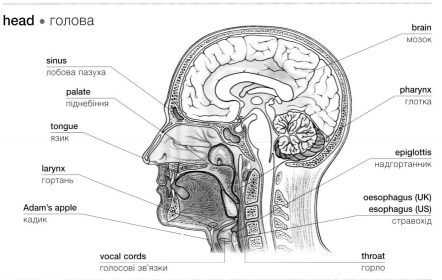

brain
мозок

sinus
лобова пазуха

palate
піднебіння

tongue
язик

larynx
гортань

Adam's apple
кадик

pharynx
глотка

epiglottis
надгортанник

oesophagus (UK)
esophagus (US)
стравохід

vocal cords
голосові зв'язки

throat
горло

body systems • системи організму

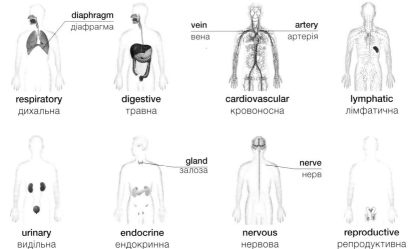

diaphragm
діафрагма

respiratory
дихальна

digestive
травна

vein
вена

artery
артерія

cardiovascular
кровоносна

lymphatic
лімфатична

urinary
видільна

gland
залоза

endocrine
ендокринна

nerve
нерв

nervous
нервова

reproductive
репродуктивна

reproductive organs • репродуктивні органи

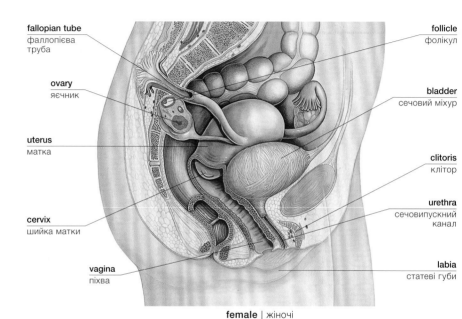

fallopian tube
фаллопієва
труба

ovary
яєчник

uterus
матка

cervix
шийка матки

vagina
піхва

follicle
фолікул

bladder
сечовий міхур

clitoris
клітор

urethra
сечовипускний
канал

labia
статеві губи

female | жіночі

reproduction
розмноження

sperm
сперматозоїд

egg
яйцеклітина

fertilization | запліднення

vocabulary • словник		
hormone гормон	**impotent** імпотентний	**menstruation** менструація
ovulation овуляція	**fertile** фертильний	**intercourse** статевий акт
infertile безплідний	**conceive (v)** зачати (д)	**sexually transmitted infection** інфекція, що передається статевим шляхом

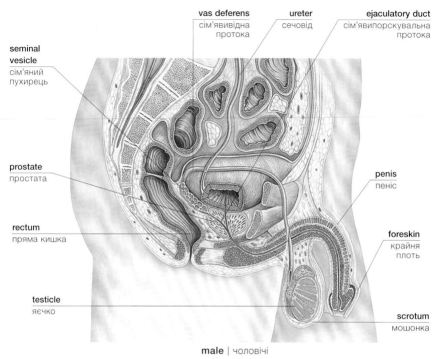

vas deferens
сім'явивідна
протока

ureter
сечовід

ejaculatory duct
сім'явипорскувальна
протока

seminal
vesicle
сім'яний
пухирець

prostate
простата

penis
пеніс

rectum
пряма кишка

foreskin
крайня
плоть

testicle
яєчко

scrotum
мошонка

male | чоловічі

contraception • контрацепція

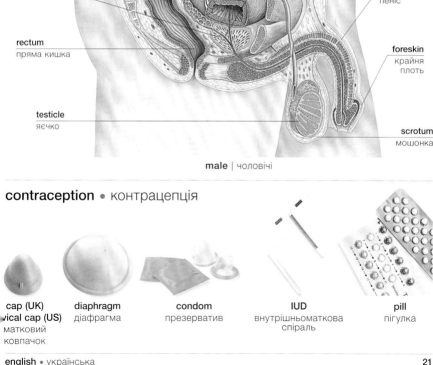

cap (UK)
cervical cap (US)
матковий
ковпачок

diaphragm
діафрагма

condom
презерватив

IUD
внутрішньоматкова
спіраль

pill
пігулка

family • родина

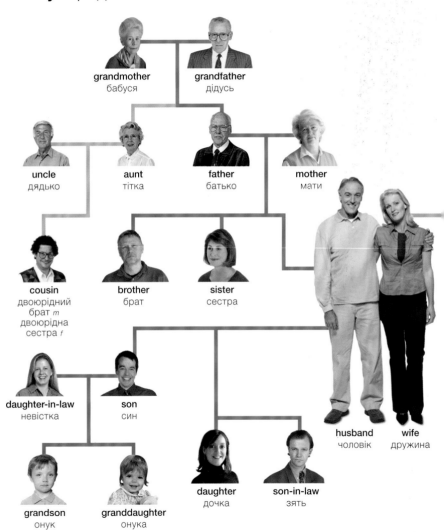

grandmother
бабуся

grandfather
дідусь

uncle
дядько

aunt
тітка

father
батько

mother
мати

cousin
двоюрідний
брат *m*
двоюрідна
сестра *f*

brother
брат

sister
сестра

daughter-in-law
невістка

son
син

grandson
онук

granddaughter
онука

daughter
дочка

son-in-law
зять

husband
чоловік

wife
дружина

vocabulary • словник

relatives родичі	**parents** батьки	**stepfather** вітчим	**stepmother** мачуха	**stepson** пасинок	**generation** покоління
grandparents дідусь і бабуся	**children** діти	**grandchildren** онук *m* онука *f*	**stepdaughter** пасербиця	**partner** партнер *m* партнерка *f*	**twins** близнюки

mother-in-law теща

father-in-law тесть

brother-in-law шурин

sister-in-law своячка

niece пле мінниця

nephew племінник

Mrs / Ms (UK)
Mrs. / Ms. (US)
пані

titles • звертання

Mr (UK)
Mr. (US)
пан
Miss
панна

stages • етапи дорослішання

baby малюк

child дитина

boy хлопчик

girl дівчинка

teenager підліток *m* підлітка *f*

adult дорослий *m* доросла *f*

man чоловік

woman жінка

relationships • стосунки

manager
керівник *m*
керівниця *f*

assistant
помічник *m*
помічниця *f*

business partner
бізнес-партнер *m*
бізнес-партнерка *f*

employee
найманий працівник *m*
наймана працівниця *f*

employer
роботодавець *m*
роботодавчиня *f*

colleague
колега

office | офіс

neighbour (UK)
neighbor (US)
сусід *m* / сусідка *f*

friend
друг *m* / подруга *f*

acquaintance
знайомий *m*
знайома *f*

penfriend (UK)
pen pal (US)
друг з листування *m*
подруга з листування

boyfriend
хлопець

girlfriend
дівчина

couple | пара

fiancé
наречений

fiancé
наречен

engaged couple | заручені

emotions • емоції

smile
усмішка

happy
щасливий *m*
щаслива *f*

sad
сумний *m*
сумна *f*

excited
вражений *m*
вражена *f*

bored
знуджений *m*
знуджена *f*

surprised
здивований *m*
здивована *f*

scared
наляканий *m*
налякана *f*

frown
насуплені
брови

angry
сердитий *m*
сердита *f*

confused
розгублений *m*
розгублена *f*

worried
стурбований *m*
стурбована *f*

nervous
знервований *m*
знервована *f*

proud
гордий *m*
горда *f*

confident
впевнений *m*
впевнена *f*

embarrassed
зніяковілий *m*
зніяковіла *f*

shy
сором'язливий *m*
сором'язлива *f*

vocabulary • словник

upset
засмучений *m*
засмучена *f*

shocked
шокований *m*
шокована *f*

laugh (v)
сміятися (д)

cry (v)
плакати (д)

sigh (v)
зітхати (д)

shout (v)
кричати (д)

yawn (v)
позіхати (д)

faint (v)
непритом-
ніти (д)

life events • життєві події

be born (v)
народитися (д)

start school (v)
піти в школу (д)

make friends (v)
потоваришувати (д)

graduate (v)
закінчити
університет (д)

get a job (v)
одержати роботу (д)

fall in love (v)
закохатися (д)

get married (v)
одружитися (д)

have a baby (v)
завести дитину (д)

wedding | весілля

divorce
розлучення

funeral
похорон

vocabulary • словник

christening
хрестини

bar mitzvah
бар-міцва

wedding reception
весільна церемонія

honeymoon
медовий місяць

anniversary
річниця

birth certificate
свідоцтво про
народження

emigrate (v)
емігрувати (д)

retire (v)
вийти
на пенсію (д)

make a will (v)
скласти заповіт (д)

die (v)
померти (д)

celebrations • свята

birthday party
вечірка до дня
народження

card
листівка

present
подарунок

birthday
день народження

Christmas
Різдво

festivals
фестивалі

Passover
Песах

New Year
Новий рік

carnival
карнавал

procession
урочиста
процесія

Eid
Рамазан-байрам

Thanksgiving
День подяки

ribbon
стрічка

Easter
Великдень

Halloween
Геловін

Diwali
Дівалі

appearance
ЗОВНІШНІЙ ВИГЛЯД

children's clothing • ДИТЯЧИЙ ОДЯГ

baby • немовля

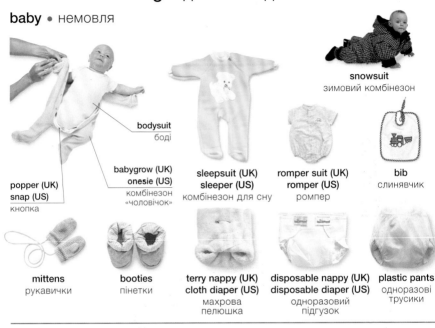

snowsuit
зимовий комбінезон

bodysuit
боді

popper (UK)
snap (US)
кнопка

babygrow (UK)
onesie (US)
комбінезон
«чоловічок»

sleepsuit (UK)
sleeper (US)
комбінезон для сну

romper suit (UK)
romper (US)
ромпер

bib
слинявчик

mittens
рукавички

booties
пінетки

terry nappy (UK)
cloth diaper (US)
махрова
пелюшка

disposable nappy (UK)
disposable diaper (US)
одноразовий
підгузок

plastic pants
одноразові
трусики

toddler • малюк *m* / малючка *f*

t-shirt
футболка

sunhat (UK)
sun hat (US)
панама

dungarees (UK)
overalls (US)
комбінезон

apron
слинявчик-фартух

shorts
шорти

skirt
спідниця

child • дитина

dress
сукня

hood
каптур

jeans
джинси

backpack
рюкзак

toggle
ґудзик-брусок

scarf
шарф

anorak (UK)
parka (US)
парка

sandals
босоніжки

wellington boots (UK)
rain boots (US)
гумові чоботи

summer
літо

raincoat
дощовик

autumn (UK) / fall (US)
осінь

duffel coat
пальто

winter
зима

dressing gown (UK)
bathrobe (US)
халат

logo
логотип

trainers (UK)
athletic shoes (US)
спортивне взуття

nightie
нічна сорочка

slippers
капці

nightwear
одяг для сну

football strip (UK)
soccer uniform (US)
футбольна форма

tracksuit
спортивний костюм

leggings
лосини

vocabulary • словник

natural fibre (UK)
natural fiber (US)
натуральна тканина

synthetic
синтетичний матеріал

Will this fit a two-year-old?
Це підійде для дворічної дитини?

Is it machine washable?
Це можна прати у машинці?

clothes (1) • ОДЯГ

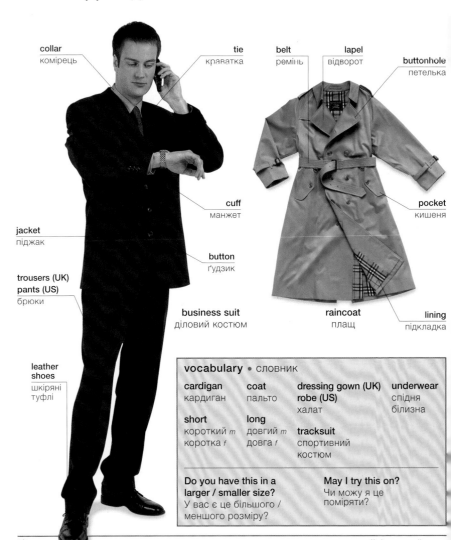

collar
комірець

tie
краватка

belt
ремінь

lapel
відворот

buttonhole
петелька

cuff
манжет

jacket
піджак

pocket
кишеня

button
ґудзик

trousers (UK)
pants (US)
брюки

business suit
діловий костюм

raincoat
плащ

lining
підкладка

leather
shoes
шкіряні
туфлі

vocabulary • СЛОВНИК

cardigan кардиган	**coat** пальто	**dressing gown (UK)** **robe (US)** халат	**underwear** спідня білизна
short короткий *m* коротка *f*	**long** довгий *m* довга *f*	**tracksuit** спортивний костюм	

Do you have this in a larger / smaller size?
У вас є це більшого / меншого розміру?

May I try this on?
Чи можу я це поміряти?

v-neck
трикутний виріз

round neck (UK)
crew neck (US)
круглий
виріз

blazer
блейзер

sports jacket (UK)
sport coat (US)
повсякденний піджак

waistcoat (UK)
vest (US)
жилет

t-shirt
футболка

anorak (UK)
parka (US)
парка

sweatshirt
світшот

shirt
сорочка

jeans
джинси

sweater
светр

pyjamas (UK)
pajamas (US)
піжама

vest (UK)
undershirt (US)
майка

casual wear
повсякденний одяг

shorts
шорти

briefs
труси

boxer shorts
труси-боксери

socks
шкарпетки

clothes (2) • ОДЯГ

jacket
жакет

blouse
блуза

sleeve
рукав

hem
поділ

shoes
туфлі

seam
шов

ankle-length
довжина по
щиколотку

skirt
спідниця

knee-length
довжина до колін

tights
колготки

formal
діловий

strapless
з відкритим
верхом

sleeveless
без рукавів

evening dress
вечірня сукня

dress
сукня

sweater
светр

trousers (UK)
pants (US)
штани

casual
повсякденний

lingerie • жіноча білизна

dressing gown (UK)
robe (US)
халат

slip
комбінація

strap
бретелька

camisole
камісоль

suspenders (UK)
garter straps (US)
підтяжки

basque (UK)
bustier (US)
бюстьє

stocking
панчоха

tights (UK)
panty hose (US)
колготки

bra
бюстгальтер

knickers (UK)
panties (US)
трусики

nightdress (UK)
nightgown (US)
нічна сорочка

wedding • весілля

bouquet
букет

wedding dress
весільна сукня

vocabulary • словник	
corset корсет	**garter** підв'язка
lace мереживо	**veil** вуаль
waistband пасок	**shoulder pad** підплічник
sports bra спортивний топ	**underwired (UK)** **underwire (US)** на кісточках
halter neck з лямкою через шию	**tailored** пошите на замовлення

accessories • аксесуари

cap
кепка

hat
капелюх

scarf
шарф

buckle
пряжка

belt
ремінець

handle
ручка

tip
кінчик

handkerchief
носовичок

bow tie
краватка-метелик

tiepin
шпилька
для краватки

gloves
рукавички

umbrella
парасолька

jewellery (UK) / jewelry (US) • прикраси

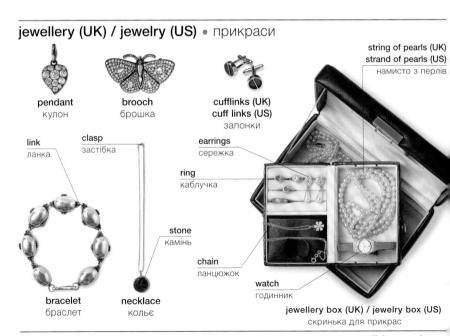

pendant
кулон

brooch
брошка

cufflinks (UK)
cuff links (US)
запонки

string of pearls (UK)
strand of pearls (US)
намисто з перлів

link
ланка

clasp
застібка

earrings
сережка

ring
каблучка

stone
камінь

chain
ланцюжок

watch
годинник

bracelet
браслет

necklace
кольє

jewellery box (UK) / jewelry box (US)
скринька для прикрас

bags • СУМКИ

fastening (UK)
clasp (US)
застібка

shoulder strap
лямка

wallet
гаманець-
портмоне

purse (UK)
change purse (US)
маленький
гаманець

shoulder bag
сумка
через плече

handles
ручки

holdall (UK)
duffel bag (US)
дорожня сумка

briefcase
портфель

handbag
невелика сумочка

backpack
рюкзак

shoes • ВЗУТТЯ

lace
шнурівка

tongue
язичок

eyelet
вічко

sole
підошва

heel
підбор

lace-up
взуття на шнурівках

walking boot (UK)
hiking boot (US)
черевик

trainer (UK)
sneaker (US)
кросівок

boot
чобіт

flip-flop
в'єтнамка

brogue (UK)
dress shoe (US)
туфля-брог

high-heeled shoe
туфля
на високому підборі

wedge
туфля
на танкетці

sandal
босоніжок

slip-on
сліпон

pump (UK)
flat (US)
балетка

hair • ВОЛОССЯ

comb
гребінець

comb (v)
розчісувати гребінцем (д)

brush
щітка

brush (v)
розчісувати щіткою (д)

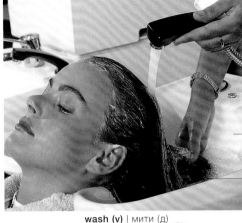

hairdresser
перукар *m*
перукарка *f*

sink
раковина

client
клієнт *m*
клієнтка *f*

wash (v) | мити (д)

rinse (v)
змивати водою (д)

robe
накидка

cut (v)
стригти (д)

blow-dry (v)
сушити феном (д)

set (v)
укладати (д)

accessories • аксесуари й засоби для догляду

hairdryer (UK)
blow-dryer (US)
фен

shampoo
шампунь

conditioner
кондиціонер

gel
гель

hairspray
лак для волосся

curling tongs (UK)
curling iron (US)
плойка

scissors
ножиці

hairband (UK)
headband (US)
обруч

hair straighteners (UK)
hair straightener (US)
випрямляч
для волосся

hairpin (UK)
bobby pins (US)
шпилька

styles • зачіски

ponytail
хвіст

plait (UK)
braid (US)
коса

French pleat (UK)
French twist (US)
равлик

bun
пучок

pigtails
хвостики / кіски

bob
боб (каре)

crop (UK)
short haircut (US)
стрижка кроп

curly
кучеряве

perm
завивка

straight
пряме

roots
корені

highlights
освітлені пасма

bald
лисий

wig
перука

---

vocabulary • словник

scalp шкіра голови	**straighten (v)** випрямляти (д)
greasy жирне	**barber** барбер
dry сухе	**beard** борода
normal нормальне	**moustache (UK)** **mustache (US)** вуса
dandruff лупа	**hair tie (UK)** **hairband (US)** резинка для волосся
split ends посічені кінчики	
trim (v) підстригати (д)	

colours (UK) / colors (US) • КОЛЬОРИ

blond / blonde
блондин *m*
блондинка *f*

brunette
коричневе

auburn
каштанове

ginger (UK)
red (US)
руде

black
чорне

grey (UK)
gray (US)
сиве

white
біле

dyed
фарбоване

beauty • краса

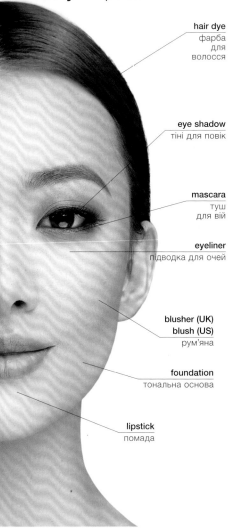

hair dye
фарба
для
волосся

eye shadow
тіні для повік

mascara
туш
для вій

eyeliner
підводка для очей

blusher (UK)
blush (US)
рум'яна

foundation
тональна основа

lipstick
помада

makeup • макіяж

eyebrow pencil
олівець для брів

eyebrow brush
щіточка для брів

tweezers
пінцет

lip gloss
блиск для губ

lip brush
пензлик для губ

lip liner
олівець для губ

brush
пензлик

concealer
консилер

mirror
люстерко

face powder
пудра

powder puff
спонжик

compact | компактна пудра

beauty treatments
косметичні процедури

face pack (UK)
face mask (US)
маска
для обличчя

threading
корекція брів

facial
догляд за обличчям

exfoliate (v)
відлущувати (д)

wax
воскова епіляція

pedicure
педикюр

manicure • манікюр

nail varnish remover (UK)
nail polish remover (US)
рідина для зняття лаку

nail file
пилочка для нігтів

nail varnish (UK)
nail polish (US)
лак для нігтів

nail scissors
манікюрні
ножиці

nail clippers
кусачки
для нігтів

toiletries • косметичні засоби

cleanser
очищувальний
засіб

toner
тонік

moisturizer
зволожувальний
крем

self tanning
cream (UK)
self tanning lotion (US)
крем для автозасмаги

perfume
парфуми

eau de toilette
туалетна вода

vocabulary • словник

complexion колір обличчя	**hypoallergenic** гіпоалерген- ний	**antiwrinkle** проти зморшок
fair блідий	**sensitive** чутливий	**tattoo** татуювання
dark темний	**shade** відтінок	**cotton balls** ватні спонжики
dry сухе	**tan** засмага	
oily жирне	**cocoa butter** какао-масло	

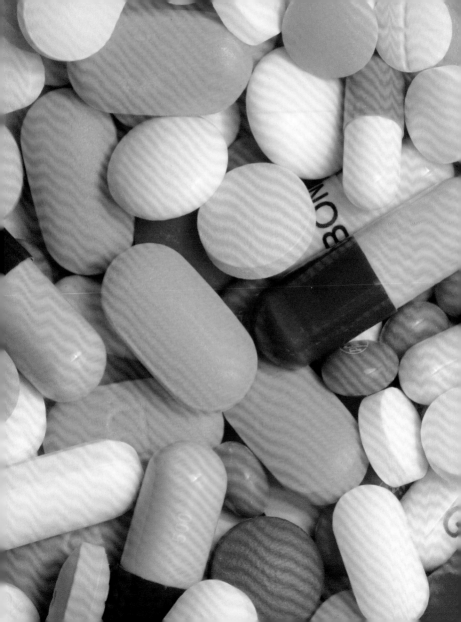

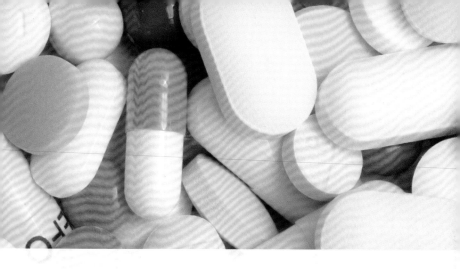

health
здоров'я

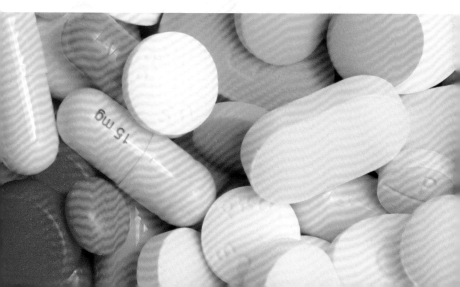

illness • захворювання

headache
головний біль

nosebleed
носова кровотеча

cough
кашель

fever | лихоманка

sneeze
чхання

cold
застуда

flu
грип

inhaler
інгалятор

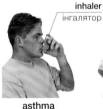

asthma
астма

cramps
судома/спазм

nausea
нудота

chickenpox (UK)
chicken pox (US)
вітрянка

rash
висип

---

vocabulary • словник

chill озноб	**measles** кір	**migraine** мігрень	**diabetes** цукровий діабет	**diarrhoea (UK)** **diarrhea (US)** діарея	**blood pressure** артеріальний тиск
allergy алергія	**mumps** свинка	**epilepsy** епілепсія	**hay fever** сінна лихоманка	**heart attack** серцевий напад	**stomach ache (UK)** **stomachache (US)** біль у животі
virus вірус	**stroke** інсульт	**faint (v)** знепритомніти (д)			
infection інфекція	**eczema** екзема	**vomit (v)** блювати (д)			

doctor • лікар m / лікарка f

consultation • консультація

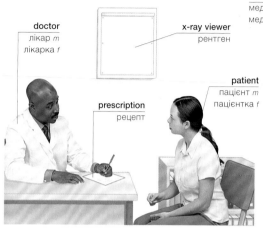

nurse
медбрат m
медсестра f

doctor
лікар m
лікарка f

x-ray viewer
рентген

patient
пацієнт m
пацієнтка f

prescription
рецепт

scales (UK)
scale (US)
ваги

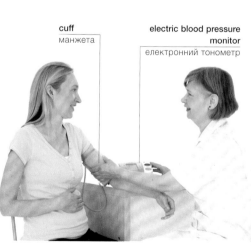

cuff
манжета

electric blood pressure monitor
електронний тонометр

---

vocabulary • словник

appointment запис до лікаря	**thermometer** термометр
inoculation (UK) **vaccination (US)** щеплення	**hearing aid** слуховий апарат
surgery (UK) **doctor's office (US)** кабінет лікаря	**medical examination** медичне обстеження
waiting room зала очікування	

I need to see a doctor.
Мені потрібно звернутися
до лікаря.

It hurts here.
Болить ось тут.

injury • травма

sprain | розтягнення зв'язок

sling
пов'язка

neck brace
бандаж
для шиї

fracture
перелом

whiplash
хлистова травма шиї

cut
поріз

graze
подряпина

bruise
синець

splinter
скалка

sunburn
сонячний опік

burn
опік

bite
укус

sting
жало

---

vocabulary • словник

blister пухир	**head injury** травма голови	**accident** нещасний випадок	**Will he / she be all right?** Із ним / нею все буде добре?
wound рана	**concussion** струс мозку	**emergency** надзвичайна ситуація	**Where does it hurt?** Де болить?
poisoning отруєння	**electric shock** ураження електричним струмом	**haemorrhage (UK)** **hemorrhage (US)** крововилив	**Please call an ambulance.** Будь ласка, викличте швидку.

first aid • перша допомога

ointment
мазь

plaster (UK)
adhesive
bandage (US)
пластир

safety pin
англійська
шпилька

bandage
бинт

painkillers
знеболювальне

antiseptic wipe
антисептична
серветка

tweezers
пінцет

scissors
ножиці

antiseptic
антисептик

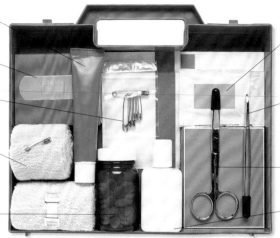

first-aid box (UK) / first-aid kit (US) | аптечка

gauze
марля

dressing
пов'язка

splint
шина

adhesive tape
лейкопластир

resuscitation
реанімація

vocabulary • словник			
shock шок	**pulse** пульс	**choke (v)** задихатися (д)	**Can you help me?** Ви можете мені допомогти?
unconscious непритомний	**breathing** дихання	**sterile** стерильний	**Do you know first aid?** Ви знаєте, як надати першу допомогу?

hospital • лікарня

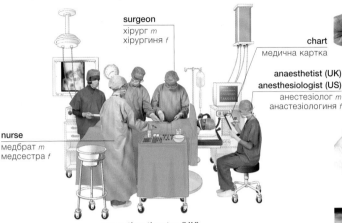

surgeon
хірург *m*
хірургиня *f*

nurse
медбрат *m*
медсестра *f*

operating theatre (UK)
operating room (US)
операційна

chart
медична картка

blood test
аналіз крові

anaesthetist (UK)
anesthesiologist (US)
анестезіолог *m*
анастезіологиня *f*

injection
ін'єкція

x-ray
рентгенівський
знімок

trolley (UK)
gurney (US)
ліжко-каталка

emergency room
кімната невідкладної
медичної допомоги

ward
палата

wheelchair
інвалідний візок

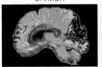

scan
знімок

---

vocabulary • словник

operation операція	**visiting hours** час прийому	**clinic** клініка	**children's ward** дитяче відділення	**private room** приватна палата
admitted госпіталізований *m* госпіталізована *f*	**discharged** виписаний *m* виписана *f*	**maternity ward** пологове відділення	**intensive care unit** відділення інтенсивної терапії	**outpatient** амбулаторний пацієнт *m* амбулаторна пацієнтка *f*

departments • відділення

ENT
ЛОР

cardiology
кардіологічне

orthopaedics (UK)
orthopedics (US)
ортопедичне

gynaecology (UK)
gynecology (US)
гінекологічне

physiotherapy
фізіотерапевтичне

dermatology
дерматологічне

paediatrics (UK)
pediatrics (US)
педіатричне

radiology
радіологічне

surgery
хірургічне

maternity
пологове

psychiatry
психіатричне

ophthalmology
офтальмологічне

---

vocabulary • словник

neurology неврологія	**urology** урологія	**endocrinology** ендокринологія	**pathology** патологія	**result** результат
oncology онкологія	**plastic surgery** пластична хірургія	**referral** направлення	**test** аналіз	**consultant (UK)** **specialist (US)** лікар-консультант *m* лікарка-консультантка *f*

dentist • стоматолог *m* / стоматологиня *f*

tooth • зуб

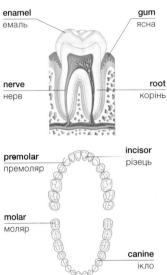

enamel
емаль

gum
ясна

nerve
нерв

root
корінь

premolar
премоляр

incisor
різець

molar
моляр

canine
ікло

vocabulary • словник

toothache зубний біль	**dental floss** зубна нитка
plaque зубний наліт	**extraction** видалення зуба
decay карієс	**crown** коронка
filling пломба	**veneer** вінір
drill свердло	**interdental brush** міжзубна щітка

checkup • огляд

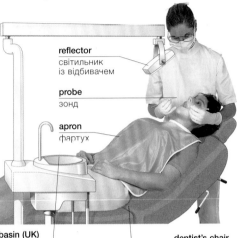

reflector
світильник
із відбивачем

probe
зонд

apron
фартух

basin (UK)
sink (US)
умивальник

dentist's chair
стоматологічне крісло

floss (v)
чистити зубною
ниткою (д)

brush (v)
чистити
щіткою (д)

braces
брекети

dental x-ray
рентген зубів

x-ray film
рентгенівський
знімок

dentures
зубні протези

optician (UK) / optometrist (US)
лікар-оптометрист *m* / лікарка-оптометристка *f*

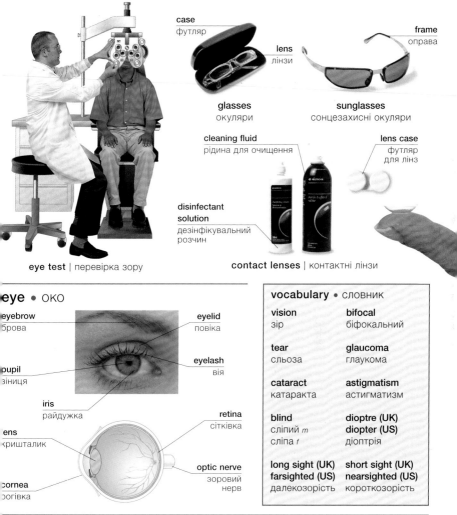

case
футляр

frame
оправа

lens
лінзи

glasses
окуляри

sunglasses
сонцезахисні окуляри

cleaning fluid
рідина для очищення

lens case
футляр для лінз

disinfectant solution
дезінфікувальний розчин

eye test | перевірка зору

contact lenses | контактні лінзи

eye • ОКО

eyebrow
брова

eyelid
повіка

eyelash
вія

pupil
зіниця

iris
райдужка

retina
сітківка

lens
кришталик

optic nerve
зоровий нерв

cornea
рогівка

vocabulary • словник	
vision зір	**bifocal** біфокальний
tear сльоза	**glaucoma** глаукома
cataract катаракта	**astigmatism** астигматизм
blind сліпий *m* сліпа *f*	**dioptre (UK)** **diopter (US)** діоптрія
long sight (UK) **farsighted (US)** далекозорість	**short sight (UK)** **nearsighted (US)** короткозорість

pregnancy • вагітність

pregnancy test
тест на вагітність

scan
знімок

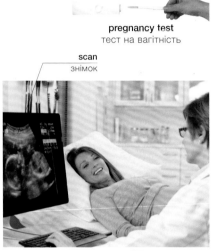

ultrasound | УЗД

umbilical cord
пуповина

placenta
плацента

cervix
шийка матки

uterus
матка

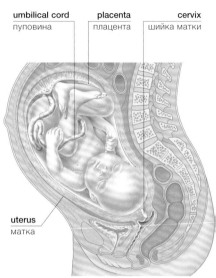

foetus (UK) / fetus (US) | плід

vocabulary • словник

ovulation овуляція	**womb** утроба	**epidural** епідуральна анестезія	**obstetrician** акушер *m* акушерка *f*	**pregnant / expectant (UK)** **pregnant / expecting (US)** вагітна / майбутня мама
dilation розкриття	**birth** народження	**amniotic fluid** амніотична рідина	**antenatal (UK)** **prenatal (US)** жіноча консультація	
miscarriage викидень	**trimester** триместр	**premature** передчасні пологи		**My waters have broken! (UK)** **My water broke! (US)** У мене відійшли води!
conception зачаття	**amniocentesis** амніоцентез	**breech birth** тазове передлежання	**gynaecologist (UK)** **gynecologist (US)** гінеколог *m* гінекологиня *f*	
contraction перейми	**episiotomy** епізіотомія	**bottle-feed (v)** годування з пляшечки	**caesarean section (UK)** **cesarean section (US)** кесарів розтин	
embryo ембріон	**stitches** шви			
delivery пологи	**baby formula** дитяча суміш			

childbirth • ПОЛОГИ

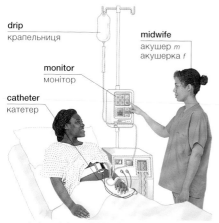

drip
крапельниця

midwife
акушер *m*
акушерка *f*

monitor
монітор

catheter
катетер

induce labour (v) (UK) / induce labor (v) (US)
викликати пологи (д)

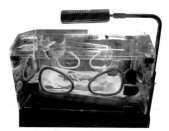

incubator | інкубатор

birth weight
вага при народженні

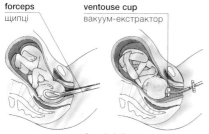

forceps
щипці

ventouse cup
вакуум-екстрактор

assisted delivery
допомога в пологах

identity tag
браслет новонароджених

newborn baby
новонароджений *m*
новонароджена *f*

nursing • ГРУДНЕ ВИГОДОВУВАННЯ

breast pump
молоковідсмоктувач

nursing bra
бюстгальтер для
годування

breastfeed (v)
годувати грудьми (д)

breast pads (UK)
nursing pads (US)
накладки на груди

complementary therapies
додаткові методи лікування

yoga pose
поза йоги

mat
килимок

yoga | йога

massage
масаж

shiatsu
шиацу

chiropractic
хіропрактика

osteopathy
остеопатія

reflexology
рефлексологія

meditation
медитація

counsellor (UK)
counselor (US)
консультант *m*
консультантка *f*

reiki
рейкі

acupuncture
голкотерапія

group therapy
групова терапія

ayurveda
аюрведа

hypnotherapy
гіпнотерапія

herbalism
фітотерапія

essential oils
ефірні олії

aromatherapy
ароматерапія

homeopathy
гомеопатія

acupressure
точковий масаж

therapist
терапевт *m*
терапевтка *f*

psychotherapy
психотерапія

vocabulary • словник			
hydrotherapy гідротерапія	**relaxation** релаксація	**supplement** біодобавка	**feng shui** феншуй
naturopathy натуропатія	**stress** стрес	**herbal** трав'яний *m* трав'яна *f*	**crystal healing** зцілення кристалами

home
оселя

house • будинок

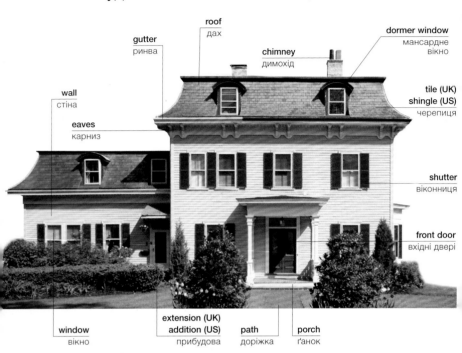

roof
дах

gutter
ринва

chimney
димохід

dormer window
мансардне
вікно

wall
стіна

eaves
карниз

tile (UK)
shingle (US)
черепиця

shutter
віконниця

front door
вхідні двері

window
вікно

extension (UK)
addition (US)
прибудова

path
доріжка

porch
ґанок

vocabulary • словник

townhouse таунгауз	**attic** горище	**floor** підлога	**detached (UK)** **single-family (US)** відокремлений	**landlord** орендодавець *m* орендодавиця *f*
bungalow бунгало	**room** кімната	**rent** оренда	**semi-detached (UK)** **duplex (US)** напіввідокремлений	**tenant** орендар *m* орендарка *f*
basement підвал	**porch light** освітлення ґанку	**rent (v)** орендувати (д)	**terraced (UK)** **row house (US)** терасовий	**letterbox (UK)** **mailbox (US)** поштова скринька
garage гараж	**courtyard** подвір'я	**burglar alarm** сигналізація		

entrance • вхід

handrail
поруччя

landing
сходовий
майданчик

banister
перила

staircase
сходи

hallway (UK)
foyer (US)
передпокій

doorbell
дверний дзвінок

doormat
килимок на вході

door knocker
дверне клепало

door chain
дверний ланцюжок

key
ключ

lock
замок

bolt
засув

flat (UK)
apartment (US)
квартира

balcony
балкон

block of flats (UK)
apartment building (US)
багатоквартирний будинок

intercom
домофон

lift (UK)
elevator (US)
ліфт

internal systems
внутрішньобудинкові системи

blade
лопать

fan
вентилятор

radiator
радіатор

heater (UK)
space heater (US)
обігрівач

convector heater (UK
convection heater (US
конвекторний обігріва

electricity • електрика

neutral
нуль

earth pin (UK)
ground pin (US)
заземлення

pin
штифт

live
фаза

energy-saving bulb
енергозбережна лампочка

plug
вилка

wires
дроти

vocabulary • словник

voltage напруга	**fuse** запобіжник	**fuse box** блок запобіжників	**direct current** постійний струм	**mains supply (UK)** **household current (US)** живлення від мережі
amp ампер	**generator** генератор	**transformer** трансформатор	**socket (UK)** **outlet (US)** розетка	**power cut (UK)** **power outage (US)** відключення живлення
power потужність	**switch** перемикач	**alternating current** змінний струм	**electricity meter (UK)** **electric meter (US)** лічильник електроенергії	

plumbing • сантехніка

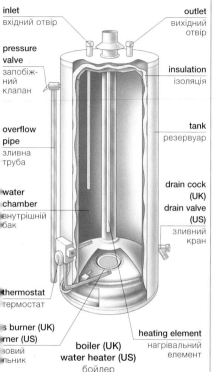

inlet
вхідний отвір

outlet
вихідний
отвір

pressure
valve
запобіж-
ний
клапан

insulation
ізоляція

overflow
pipe
зливна
труба

tank
резервуар

water
chamber
внутрішній
бак

drain cock
(UK)
drain valve
(US)
зливний
кран

thermostat
термостат

s burner (UK)
rner (US)
зовий
льник

heating element
нагрівальний
елемент

boiler (UK)
water heater (US)
бойлер

sink • умивальник

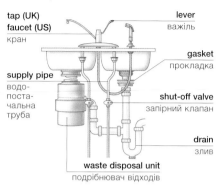

tap (UK)
faucet (US)
кран

lever
важіль

gasket
прокладка

supply pipe
водо-
поста-
чальна
труба

shut-off valve
запірний клапан

drain
злив

waste disposal unit
подрібнювач відходів

toilet • унітаз

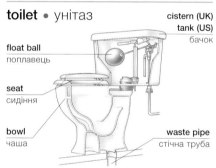

cistern (UK)
tank (US)
бачок

float ball
поплавець

seat
сидіння

bowl
чаша

waste pipe
стічна труба

waste disposal • утилізація відходів

bottle
пляшка

recycling bin
онтейнер для
тування відходів

lid
кришка

pedal
педаль

rubbish bin (UK)
trash can (US)
бак для
сміття

sorting unit (UK)
sorting bin (US)
секція для
сортування

organic waste
органічні відходи

living room • вітальня

wall light
настінний
світильник

fireplace
камін

ceiling
стеля

vase
ваза

cushion (UK)
pillow (US)
диванна
подушка

lamp
світильник

coffee table
журнальний
столик

sofa
диван

floor
підлога

frame
рама

curtain
штора

net curtain (UK)
sheer curtain (US)
мереживна фіранка

venetian blind
жалюзі

roller blind
тканинна ролета

picture
картина

moulding (UK)
molding (US)
молдинг

armchair
крісло

bookshelf
книжкова
полиця

sofabed
софа

rug
килимок

study | кабінет

dining room • їдальня

pepper
перець

salt
сіль

table
стіл

crockery
посуд

cutlery
столові прибори

chair
стілець

back
спинка

seat
сидіння

leg
ніжка

vocabulary • словник

serve (v) подавати (д)	**breakfast** сніданок	**portion** порція	**tablecloth** скатертина	**Can I have some more, please?** Можна мені ще, будь ласка?
eat (v) їсти (д)	**lunch** обід	**host** господар	**place mat** килимок для сервірування	**I've had enough, thank you.** Мені досить, дякую.
meal їжа	**dinner** вечеря	**hostess** господиня		**That was delicious.** Це було смачно.
hungry голодний *m* голодна *f*	**full** ситий *m* сита *f*	**guest** гість *m* гостя *f*	**lay the table (v) (UK)** **set the table (v) (US)** накривати на стіл (д)	

crockery and cutlery • посуд і столові прибори

mug
кухоль

coffee cup
кавова чашка

teaspoon
чайна ложка

teacup
чайна чашка

plate
тарілка

bowl
миска

cafetière (UK)
French press (US)
френч-прес

teapot
заварник

jug (UK)
pitcher (US)
глечик

egg cup (UK)
eggcup (US)
підставка для
яєць

wine glass
винний бокал

tumbler
склянка

glassware
скляний посуд

napkin ring
кільце для
серветки

side plate
десертна
тарілка

dinner plate
обідня
тарілка

soup bowl
супова
тарілка

soup spoon
столова
ложка

napkin
серветка

fork
виделка

place setting
столовий набір

spoon
ложка

knife
ніж

kitchen • кухня

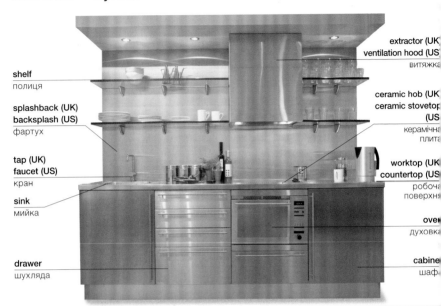

extractor (UK)
ventilation hood (US)
витяжка

shelf
полиця

splashback (UK)
backsplash (US)
фартух

ceramic hob (UK)
ceramic stovetop (US)
керамічна плита

tap (UK)
faucet (US)
кран

sink
мийка

worktop (UK)
countertop (US)
робоча поверхня

oven
духовка

drawer
шухляда

cabinet
шаф...

appliances • прилади

microwave oven
мікрохвильова піч

kettle (UK)
electric kettle (US)
електрочайник

toaster
тостер

mixing bowl
чаша для змішування

blade
лезо

food processor
кухонний комбайн

lid
кришка

blender
блендер

dishwasher
посудомийна маш...

ice maker
льодо-генератор

refrigerator
холодильник

freezer
морозильна камера

crisper
ящик для фруктів та овочів

fridge-freezer (UK) / side-by-side refrigerator (US)
холодильник дводверний

vocabulary • словник	
burner пальник	**hob (UK) stovetop (US)** плита
freeze (v) заморожувати (д)	
defrost (v) розморожувати (д)	**steam (v)** готувати на парі (д)
sauté (v) пасерувати (д)	**rubbish bin (UK) garbage can (US)** відро для сміття
draining board сушка для посуду	

cooking • приготування їжі

peel (v)
чистити (д)

slice (v)
нарізати (д)

grate (v)
натирати (д)

pour (v)
наливати (д)

mix (v)
перемішувати (д)

whisk (v)
збивати (д)

boil (v)
кип'ятити (д)

fry (v)
смажити (д)

roll (v)
розкочувати (д)

stir (v)
постійно помішувати (д)

simmer (v)
тушкувати (д)

poach (v)
варити (д)

bake (v)
випікати (д)

roast (v)
обсмажувати (д)

grill (v) (UK) broil (v) (US)
обсмажувати на грилі (д)

kitchenware • кухонний приладдя

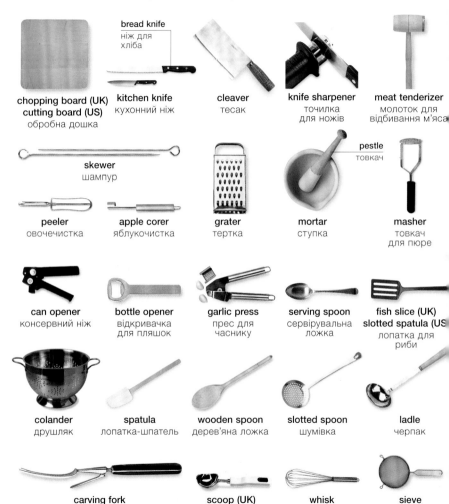

chopping board (UK)
cutting board (US)
обробна дошка

bread knife
ніж для
хліба

kitchen knife
кухонний ніж

cleaver
тесак

knife sharpener
точилка
для ножів

meat tenderizer
молоток для
відбивання м'яса

skewer
шампур

pestle
товкач

peeler
овочечистка

apple corer
яблукочистка

grater
тертка

mortar
ступка

masher
товкач
для пюре

can opener
консервний ніж

bottle opener
відкривачка
для пляшок

garlic press
прес для
часнику

serving spoon
сервірувальна
ложка

fish slice (UK)
slotted spatula (US
лопатка для
риби

colander
друшляк

spatula
лопатка-шпатель

wooden spoon
дерев'яна ложка

slotted spoon
шумівка

ladle
черпак

carving fork
виделка для м'яса

scoop (UK)
ice-cream scoop (US)
ложка для морозива

whisk
вінчик

sieve
сито

lid
кришка

non-stick (UK) / nonstick (US)
антипригарне
покриття

frying pan
пательня

saucepan
каструля

grill pan
сковорода гриль

wok
пательня вок

tagine
таджин

glass
скляний

ovenproof
жаростійка

mixing bowl
миска
для змішування

soufflé dish
форма для суфле

gratin dish
форма для
запікання

ramekin
рамекін

casserole dish
каструля
для запікання

baking cakes • випікання кондитерських виробів

scales (UK)
scale (US)
ваги

measuring jug (UK)
measuring cup (US)
мірний глечик

cake tin (UK)
cake pan (US)
форма
для торта

pie tin (UK)
pie pan (US)
форма
для пирога

flan tin (UK)
quiche pan (US)
форма для кішу

pastry brush
кондитерський пензлик

rolling pin
качалка

piping bag
кондитерський мішок

muffin tray (UK)
muffin pan (US)
форма
для кексів

baking tray (UK)
cookie sheet (US)
деко

cooling rack
підставка
під гаряче

oven glove (UK)
oven mitt (US)
рукавичка
для духовки

apron
фартух

bedroom • спальня

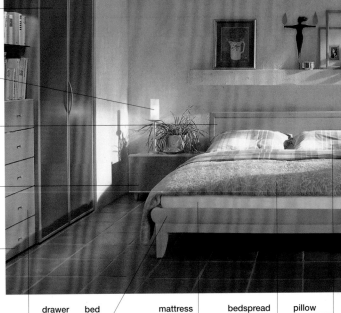

wardrobe (UK)
closet (US)
шафа для одягу

bedside lamp
приліжкова
лампа

headboard
узголів'я ліжка

bedside table (UK)
nightstand (US)
приліжкова тумба

chest of drawers
комод

drawer **bed** **mattress** **bedspread** **pillow**
шухляда ліжко матрац покривало подушка

hot-water
bottle
грілка

clock radio
радіогодинник

alarm clock
будильник

box of tissues
коробка
з серветками

coat hanger
вішак

bed linen • постільна білизна

pillowcase
наволочка

sheet
простирадло

mirror
дзеркало

dressing table
туалетний столик

duvet (UK)
comforter (US)
підковдра

quilt
стьобане покривало

blanket
плед

floor
підлога

---

vocabulary • словник

built-in wardrobe (UK)
closet (US)
вбудована шафа

electric blanket
електрична ковдра

carpet
килим

single bed (UK)
twin bed (US)
односпальне ліжко

double bed (UK)
full bed (US)
двоспальне ліжко

bedspring
пружина

footboard
підніжжя ліжка

insomnia
безсоння

snore (v)
хропіти (д)

set the alarm (v)
встановлювати будильник (д)

go to bed (v)
лягати спати (д)

go to sleep (v)
іти спати (д)

make the bed (v)
застелити ліжко (д)

wake up (v)
прокидатися (д)

get up (v)
вставати (д)

---

bathroom • ванна кімната

towel rail (UK)
towel rack (US)
вішалка для
рушників

shower door
душові двері

cold tap (UK)
cold faucet (US)
кран холодної
води

hot tap (UK)
hot faucet (US)
кран гарячої
води

shower head
душова лійка

washbasin (UK)
sink (US)
умивальник

plug
донний
клапан

shower
душ

drain
злив

toilet seat
сидіння
унітазу

toilet
унітаз

toilet brush
йоржик

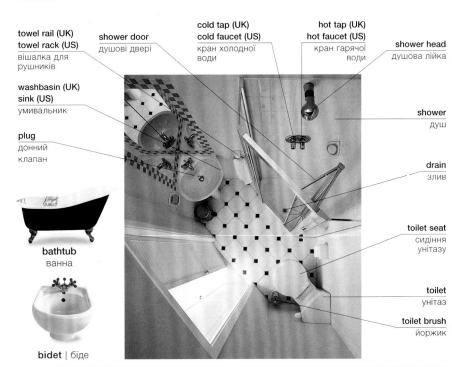

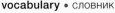

bathtub
ванна

bidet | біде

vocabulary • словник

take a bath (v)
приймати ванну (д)

bath mat
килимок для ванної

take a shower (v)
приймати душ (д)

shower curtain
шторка для душу

toilet roll (UK)
toilet paper (US)
туалетний папір

medicine cabinet
аптечка

dental hygiene • гігієна зубів

toothbrush
зубна щітка

toothpaste
зубна паста

dental floss
зубна нитка

mouthwash
ополіскувач
для рота

sponge
губка для ванни

pumice stone
пемза

back brush
щітка для спини

deodorant
дезодорант

soap dish
мильниця

soap
мило

shower gel
гель для душу

face cream
крем для обличчя

bubble bath
піна для ванни

hand towel
рушник для рук

bath towel
банний
рушник

towels
рушники

body lotion
лосьйон для тіла

talcum powder
тальк

bathrobe
банний халат

shaving • ГОЛІННЯ

electric razor
електрична
бритва

shaving foam
піна для гоління

disposable razor
одноразова
бритва

razor blade
лезо для
бритви

aftershave
лосьйон/бальзам
після гоління

nursery • дитяча кімната

baby care • догляд за дитиною

nappy rash cream (UK)
diaper rash cream (US)
крем під підгузник

sponge
губка

wet wipe
волога
серветка

changing mat
сповивальний
килимок

baby bath
дитяча ванночка

potty
горщик

changing table
сповивальний столик

sleeping • СОН

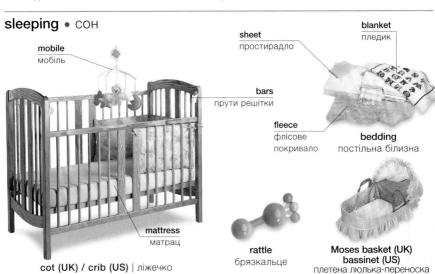

mobile
мобіль

sheet
простирадло

blanket
пледик

bars
пруті решітки

fleece
флісове
покривало

bedding
постільна білизна

mattress
матрац

rattle
брязкальце

**Moses basket (UK)
bassinet (US)**
плетена люлька-переноска

cot (UK) / crib (US) | ліжечко

playing • ігри

doll
лялька

soft toy (UK)
stuffed toy (US)
м'яка іграшка

doll's house (UK)
dollhouse (US)
ляльковий будиночок

playhouse
дитячий будиночок

safety • безпека

child lock
блокування
від дітей

baby monitor
радіоняня

teddy bear
ведмедик

toy
іграшка

ball
м'яч

toy basket
кошик для іграшок

playpen
манеж

stair gate
сходова
перегородка

eating • їда

high chair
дитячий стільчик

teat (UK)
nipple (US)
соска

bottle
пляшечка

sippy cup
поїльник

going out • прогулянка

hood
капюшон

pushchair (UK)
stroller (US)
дитячий прогулянковий
візочок

pram (UK)
baby carriage (US)
візочок-колиска

nappy (UK)
diaper (US)
підгузок

carrycot (UK)
carrier (US)
переносна люлька

changing bag (UK)
diaper bag (US)
сумка для сповивання

baby sling
слінг для немовляти

utility room • підсобне приміщення

laundry • пральня

dirty washing (UK)
dirty laundry (US)
брудна
білизна

laundry basket
кошик для
брудної білизни

washing machine (UK)
washer (US)
пральна машина

washer-dryer
пральна машина
із сушаркою

tumble dryer (UK)
dryer (US)
сушарка

clothesline
мотузка

iron
праска

clothes peg (UK)
clothespin (US)
прищіпка

dry (v)
сушити (д)

ironing board | прасувальна дошка

---

vocabulary • словник

rinse (v) полоскати (д)	**spin (v)** віджимати (д)	**load (v)** завантажувати (д)
iron (v) прасувати (д)	**spin-dryer** сушарка з віджимом	**fabric conditioner (UK)** **fabric softener (US)** кондиціонер для білизни

How do I operate the washing machine?
Як користуватися пральною машиною?

What is the setting for coloureds / whites? (UK)
What is the setting for colors / whites? (US)
Які режими для прання кольорових / білих речей?

cleaning equipment • засоби для прибирання

suction hose
шланг

brush
щітка

dustpan
совок

bleach
відбілювач

duster (UK)
dust cloth (US)
ганчірка

bucket
відро

liquid
рідина

powder
порошок

vacuum cleaner
пилосмок

mop
швабра

detergent
мийний засіб

polish
поліроль

activities • дії

clean (v)
прибирати (д)

wash (v)
мити (д)

wipe (v)
витирати (д)

scrub (v)
чистити (д)

scrape (v)
зішкрібати (д)

broom
мітла

sweep (v)
підмітати (д)

dust (v)
витирати пил (д)

polish (v)
полірувати (д)

workshop • майстерня

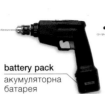

chuck
патрон

drill bit
свердло

battery pack
акумуляторна
батарея

jigsaw
електролобзик

cordless drill
акумуляторний дриль

electric drill
електродриль

glue gun
клейовий пістолет

clamp
затискач

blade
лезо

vice (UK) / vise (US)
лещата

sander
шліфувальна машина

circular saw
циркулярна пилка

workbench
верстак

wood glue
клей для
дерева

tool rack
полиця для
інструментів

router
фрезер

bit brace
коловорот

wood shavings
деревна
стружка

extension lead (UK)
extension cord (US)
подовжувач

techniques • техніки

cut (v)
різати (д)

saw (v)
пиляти (д)

drill (v)
свердлити (д)

hammer (v)
забивати (д)

plane (v)
стругати (д)

turn (v)
обточувати (д)

solder
припій

carve (v)
вирізати (д)

solder (v)
паяти (д)

materials • матеріали

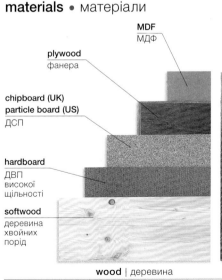

MDF
МДФ

plywood
фанера

chipboard (UK)
particle board (US)
ДСП

hardboard
ДВП
високої
щільності

softwood
деревина
хвойних
порід

wood | деревина

hardwood
деревина
листяних
порід

varnish
лак

wood stain
морилка

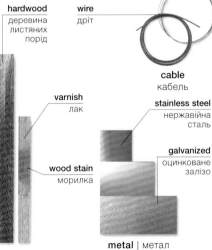

wire
дріт

cable
кабель

stainless steel
нержавійна
сталь

galvanized
оцинковане
залізо

metal | метал

toolbox • набір інструментів

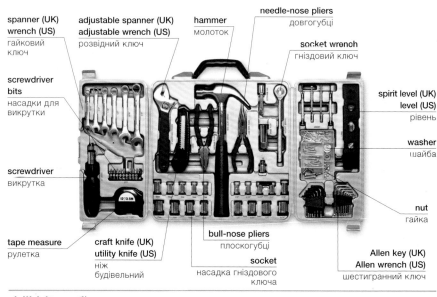

spanner (UK)
wrench (US)
гайковий
ключ

adjustable spanner (UK)
adjustable wrench (US)
розвідний ключ

hammer
молоток

needle-nose pliers
довгогубці

socket wrench
гніздовий ключ

screwdriver
bits
насадки для
викрутки

spirit level (UK)
level (US)
рівень

washer
шайба

screwdriver
викрутка

nut
гайка

tape measure
рулетка

craft knife (UK)
utility knife (US)
ніж
будівельний

bull-nose pliers
плоскогубці

socket
насадка гніздового
ключа

Allen key (UK)
Allen wrench (US)
шестигранний ключ

drill bits • біти, свердла для дрилю

metal bit
свердло по металу

flat wood bit
пір'яне свердло

reamer
розвертка

Phillips screwdriver
хрестова викрутка

head
голівка

security bit
антиван-
дальна біта

nail
цвях

carpentry bits
свердло
по дереву

masonry bit
свердло по
цеглі,
каменю

screw
саморіз

wire strippers
знімач ізоляції

wire cutters
гострогубці-
бокорізи

insulating tape (UK)
electrical tape (US)
ізоляційна
стрічка

soldering iron
паяльник

fretsaw
лобзик

solder
припій

scalpel (UK)
craft knife (US)
ніж-
скальпель

tenon saw | обушкова пила

safety goggles
ахисні окуляри

plane
рубанок

handsaw
ручна пила

mitre block (UK)
miter block (US)
навскісник

hacksaw
ножівка

hand drill
ручний дриль

wire wool (UK)
steel wool (US)
сталева вата

wrench
переставний ключ

sandpaper
наждаковий папір

chisel
долото

file
напилок

sharpening stone (UK)
whetstone (US)
точильний камінь

pipe cutter | труборіз

plunger
вантуз

decorating • ремонт

scissors
ножиці

craft knife (UK) / utility knife (US)
ніж для оздоблювальних робіт

plumb line
будівельний висок

putty knife
шпатель

decorator
маляр *m*
малярка *f*

wallpaper
шпалери

wallpaper brush
щітка для
шпалер

pasting table
стіл для
шпалер

pasting brush
пензель для
клею

**wallpaper
paste**
шпалерний
клей

bucket
відро

wallpaper (v) | клеїти шпалери (д)

strip (v)
здирати (д)

fill (v)
шпаклювати (д)

sand (v)
шліфувати (д)

plaster (v) | штукатурити (д)

hang (v) | фіксувати (д)

tile (v) | класти плитку (д)

roller
валик

paint tray
лоток для фарби

brush
пензлик

paint tin (UK)
paint can (US)
банка
з фарбою

stepladder
драбина

paint
фарба

filler
шпаклівка

paint (v)
фарбувати (д)

sponge
губка

masking tape
малярський
скотч

sandpaper
наждаковий
папір

turpentine
скипидар

white spirit (UK)
paint thinner (US)
уайт-спірит

vocabulary • словник

plaster
штукатурка

varnish
лак

emulsion (UK)
latex paint (US)
емульсійна
фарба

gloss
глянцевий

matte
матовий

stencil
трафарет

overalls (UK)
coveralls (US)
комбінезон

embossed paper
рельєфний папір

lining paper
малярський
флізелін

primer
первинна
ґрунтовка

undercoat
вторинна
ґрунтовка

top coat (UK)
topcoat (US)
фінішний шар

preservative
консервант

sealant
герметик

solvent
розчинник

grout
затирка

dustsheet (UK)
drop cloth (US)
захисна
плівка

garden • сад

garden styles • види садів

patio garden
сад патіо

formal garden | класичний сад

cottage garden
котеджний сад

herb garden
сад трав

roof garden
сад на даху

rock garden
кам'янистий сад

courtyard
внутрішній дворик

water garden
сад на воді

hanging basket
кашпо

trellis
трельяж

pergola (UK)
arbor (US)
пергола

soil • ґрунт

paving
тротуарна плитка

path
доріжка

compost heap (UK)
compost pile (US)
компостна яма

flowerbed
квітник

gate
ворота

shed
сарай

lawn
газон

greenhouse
теплиця

pond
ставок

fence
паркан

hedge
живопліт

arch
арка

vegetable garden
город

herbaceous border
квітник-міксбордер

topsoil
верхній шар ґрунту

sand
пісок

chalk
крейда

silt
мул

clay
глина

decking (UK)
deck (US)
настил

fountain | фонтан

garden plants • садові рослини

types of plants • види рослин

annual
однорічні

biennial
дворічні

perennial
багаторічні

bulb
цибулинні

fern
папороть

rush (UK) / cattail (US)
рогіз

bamboo
бамбук

weeds
бур'ян

herb
трави

water plant
водяна рослина

tree
дерево

deciduous
листопадні

palm
пальмові

conifer
хвойні

evergreen
вічнозелені

topiary
топіарій

alpine
альпінарій
(гірські рослини)

succulent
сукуленти

cactus
кактуси

potted plant
рослина в горщику

shade plant
тіньовитривала рослина

climber
в'юнка
рослина

flowering shrub
квітучий
чагарник

ground cover
ґрунтопокривна
рослина

creeper
повзуча рослина

ornamental
декоративна
рослина

grass
трава

garden tools • садові інструменти

lawn rake
газонні граблі

compost
компост

seeds
насіння

bone meal
кісткове борошно

spade (UK)
shovel (US)
лопата

fork (UK)
garden
fork (US)
вила

long-handled
shears
подовжені
ножиці для
трави

rake
граблі

hoe
мотика

gravel
гравій

grass bag
мішок для
трави

motor
мотор

handle
ручка

trug (UK)
gardening basket (US)
садовий кошик

shield
захисний
кожух

stand
підніжка

trimmer
садовий тример

lawnmower
газонокосарка

wheelbarrow
тачка

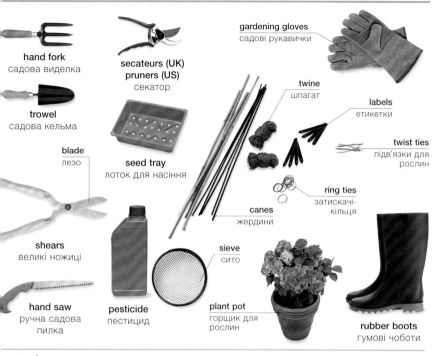

hand fork
садова виделка

trowel
садова кельма

blade
лезо

shears
великі ножиці

hand saw
ручна садова
пилка

secateurs (UK)
pruners (US)
секатор

seed tray
лоток для насіння

pesticide
пестицид

gardening gloves
садові рукавички

twine
шпагат

labels
етикетки

twist ties
підв'язки для
рослин

canes
жердини

ring ties
затискачі-
кільця

sieve
сито

plant pot
горщик для
рослин

rubber boots
гумові чоботи

watering • полив

spray gun (UK)
spray bottle (US)
бризкалка

sprinkler
зрошувач

nozzle
насадка

watering can
лійка

rose (UK)
spray (US)
розпилювач

hosepipe (UK)
hose (US)
шланг

hose reel | котушка зі шлангом

gardening • садівництво

lawn
газон

flowerbed
клумба

lawnmower
газонокосарка

hedge
живопліт

stake
кілок

mow (v) | косити (д)

turf (v) (UK)
sod (v) (US)
стелити газон (д)

spike (v)
проколювати (д)

rake (v)
гребти (д)

trim (v)
підстригати (д)

dig (v)
копати (д)

sow (v)
садити (д)

top-dress (v)
розкидати добрива (д)

water (v)
поливати (д)

cane
жердина

train (v)
прив'язувати (д)

deadhead (v)
зрізати засохлі квіти (д)

spray (v)
прискати (д)

cutting
живець

graft (v)
прищеплювати (д)

propagate (v)
розмножувати (д)

prune (v)
обрізати (д)

stake (v)
підв'язувати (д)

transplant (v)
пересаджувати (д)

weed (v)
прополювати (д)

mulch (v)
мульчувати (д)

harvest (v)
збирати врожай (д)

vocabulary • словник

seedling паросток	**cultivate (v)** культивувати (д)	**landscape (v)** озеленяти (д)	**fertilizer** добриво	**organic** органічний	**subsoil** підґрунтя	**drainage** дренаж
weedkiller засіб від бур'янів	**tend (v)** доглядати (д)	**aerate (v)** розпушувати (д)	**fertilize (v)** удобрювати (д)	**pick (v)** збирати (д)	**pot up (v) (UK) pot (v) (US)** висаджувати в горщик (д)	**sieve (v) (UK) sift (v) (US)** просіювати (д)

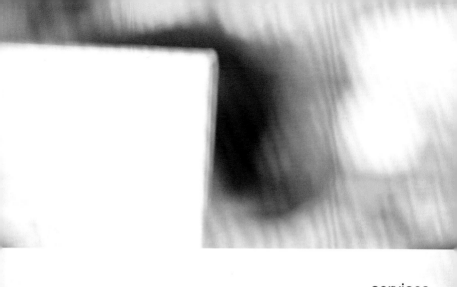

services
служби

emergency services • служби екстреної допомоги

ambulance • швидка допомога

ambulance
карета швидкої

stretcher
носилки

paramedic
парамедик *m* / парамедикиня *f*

police • поліція

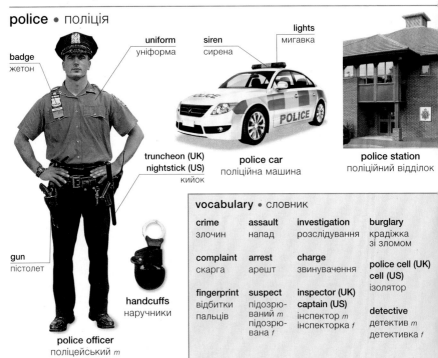

lights
мигавка

uniform
уніформа

siren
сирена

badge
жетон

truncheon (UK)
nightstick (US)
кийок

police car
поліційна машина

police station
поліційний відділок

gun
пістолет

handcuffs
наручники

police officer
поліцейський *m*
поліцейська *f*

vocabulary • словник

crime злочин	**assault** напад	**investigation** розслідування	**burglary** крадіжка зі зломом
complaint скарга	**arrest** арешт	**charge** звинувачення	**police cell (UK)** **cell (US)** ізолятор
fingerprint відбитки пальців	**suspect** підозрюваний *m* підозрювана *f*	**inspector (UK)** **captain (US)** інспектор *m* інспекторка *f*	**detective** детектив *m* детективка *f*

fire brigade (UK) / fire department (US) • пожежна

smoke
дим

helmet
шолом

hose
шланг

cradle (UK)
basket (US)
люлька

firefighters
пожежники

water jet
струмінь води

boom
підйомна
стріла

ladder
драбина

cab
кабіна

fire | пожежа

fire station
пожежна станція

fire escape
пожежний вихід

fire engine
пожежна машина

smoke alarm
детектор диму

fire alarm
пожежна тривога

axe (UK)
ax (US)
сокира

fire extinguisher
вогнегасник

hydrant
пожежний
гідрант

**I need the police / the fire brigade (UK)
department (US) / an ambulance.**
Треба викликати поліцію /
пожежників / швидку допомогу.

There's a fire at…
Пожежа на…

There's been an accident.
Сталася аварія.

Call the police!
Викличте
поліцію!

---

bank • банк

window
віконце

customer
клієнт *m*
клієнтка *f*

cashier
(UK)
teller
(US)
касир *m*
касирка *f*

counter
стійка

debit card
дебетова
картка

credit card
кредитна картка

card reader
кардридер

account number
номер рахунка

amount
сума

paying-in slips (UK)
deposit slips (US)
прибуткові ордери

---

vocabulary • словник

payment платіж	**mortgage** іпотека	**PIN** PIN-код	**withdrawal slip** документ на видачу готівки	**bank transfer** банківський переказ
tax податок	**savings** заощадження	**bank charge** банківський збір	**savings account** накопичувальний рахунок	**pay in (v) (UK)** **deposit (v) (US)** вносити кошти (д)
loan позика	**overdraft** овердрафт	**interest rate** відсоткова ставка	**current account (UK)** **checking account (US)** поточний рахунок	**direct debit (UK)** **automatic payment (US)** прямий дебет

banking app
банківський
застосунок

note (UK)
bill (US)
купюра

coin
монета

online banking
веббанкінг

money
гроші

screen
екран

keypad
клавіатура

card slot (UK)
card reader (US)
отвір
для карток

ATM
банкомат

foreign currency • іноземна валюта

bureau de change (UK)
currency exchange (US)
обмін валют

exchange rate
обмінний курс
валют

finance • фінанси

share price
ціна акції

stockbroker
біржовий
брокер m
біржова
брокерка f

financial advisor
нансовий консультант m
нансова консультантка f

stock exchange
фондова біржа

vocabulary • словник

commission комісія	denomination номінал
investment інвестиції	dividends дивіденди
portfolio портфель	stocks акції
shares акції однієї компанії	equity власний капітал
cash (v) сплатити готівкою (д)	digital currency цифрова валюта
accountant бухгалтер m бухгалтерка f	

Can I change this, please?
Чи можу я обміняти ці гроші, будь ласка?

What's today's exchange rate?
Який сьогодні обмінний курс?

communications • засоби зв'язку

postal worker
працівник пошти *m*
працівниця пошти *f*

window
віконце

scales (UK)
scale (US)
ваги

counter
стійка

post office | пошта

postmark
поштовий штемпель

stamp
марка

address
адреса

postcode (UK)
zipcode (US)
поштовий
індекс

envelope | конверт

postman / postwoman (UK)
mail carrier (US)
поштар *m* / поштарка *f*

vocabulary • словник

letter лист	**by airmail** авіапоштою	**delivery** доставлення	**mailbag** поштова сумка
signature підпис	**fragile** крихке	**do not bend (v)** не згинати (д)	**collection (UK)** **pick up (US)** забір
return address зворотна адреса	**postage** поштові витрати	**this way up** цим боком догори	**registered post (UK)** **registered mail (US)** рекомендований лист

postbox (UK)
mailbox (US)
іоштова скринька

letterbox (UK)
letter slot (US)
отвір для листів

parcel (UK)
package (US)
посилка

courier
кур'єр *m*
кур'єрка *f*

telephone • телефон

app
застосунок

handset
слухавка

answering machine
автовідповідач

keypad
клавіатура

base station
док-станція

cordless phone
бездротовий телефон

smartphone
смартфон

---

vocabulary • словник

Wi-Fi вайфай	**passcode** пароль	**text (SMS)** текстове повідомлення (СМС)	**Can you give me the number for… ?** Ви не могли б дати номер… ?
mobile data мобільні дані	**answer (v)** відповідати (д)	**engaged / busy (UK)** **busy (US)** зайнято	**What is the dialling code for… ? (UK)** **What is the area code for... ? (US)** Який телефонний код у... ?
data roaming роумінг даних	**disconnected** роз'єднано	**mobile phone (UK)** **cell phone (US)** мобільний телефон	**Text me!** Напишіть мені!
voice message голосове повідомлення	**dial (v)** набирати номери (д)		

hotel • готель

lobby • вестибюль

GUEST
ГІСТЬ *m*
ГОСТЯ *f*

key card
карта-ключ

receptionist
адміністратор *m*
адміністраторка *f*

counter
стійка

reception | рецепція

luggage
багаж

trolley (UK)
cart (US)
візок

porter
носій *m* / носійка *f*

lift (UK) / elevator (US)
ліфт

room number
номер кімнати

rooms • номери

single room
одномісний номер

double room
двомісний номер
зі спільним ліжком

twin room
двомісний номер
з окремими ліжками

private bathroom
власна ванна
кімната

services • обслуговування і послуги

maid service
послуги покоївки

laundry service
послуги прання

breakfast tray
таця зі сніданком

room service | обслуговування номерів

minibar
мінібар

restaurant
ресторан

gym
тренажерна зала

swimming pool
басейн

vocabulary • словник

bed and breakfast
нічліг і сніданок

full board (UK)
all meals included (US)
повний пансіон

half board (UK)
some meals included (US)
напівпансіон

Do you have any vacancies?
У вас є вільні місця?

I have a reservation.
У мене є бронювання.

I'd like a single room.
Мені потрібен
одномісний номер.

I'd like a room for three nights.
Мені потрібен номер на три ночі.

What is the charge per night?
Яка плата за ніч?

**When do I have to vacate
the room? (UK)**
When do I have to check out? (US)
Коли я маю звільнити номер?

shopping
покупки

shopping centre (UK) / shopping center (US)
торговельний центр

atrium
атріум

second floor (UK)
third floor (US)
другий поверх

first floor (UK)
second floor (US)
перший поверх

customer
клієнт *m*
клієнтка *f*

escalator
ескалатор

ground floor
нульовий поверх

---

vocabulary · словник

children's department
дитячий відділ

luggage department
відділ сумок і валіз

shoe department
відділ взуття

store directory
карта магазинів

customer services
обслуговування клієнтів

sales assistant (UK)
sales clerk (US)
продавець-консультант *m*
продавчиня-консультант *f*

changing rooms (UK)
fitting rooms (US)
кімнати для примірювання

baby changing facilities (UK)
baby changing room (US)
кімната матері і дитини

toilets (UK)
restroom (US)
туалет

How much is this?
Скільки це коштує?

May I exchange this?
Чи можу я це обміняти?

department store • універмаг

menswear
чоловічий одяг

womenswear (UK)
womens wear (US)
жіночий одяг

lingerie
білизна

perfumery (UK)
perfumes (US)
парфумерія

beauty (UK)
cosmetics (US)
краса та догляд

linen (UK)
linens (US)
домашній текстиль

home furnishings
меблі для дому

haberdashery (UK)
notions (US)
галантерея

kitchenware
посуд

china
порцеляна

electrical goods (UK)
electronics (US)
електротовари

lighting
освітлення

sports (UK)
sportswear (US)
спорттовари

toys
іграшки

stationery
канцтовари

food hall (UK)
groceries (US)
продукти

supermarket • супермаркет

customer
клієнт *m*
клієнтка *f*

cashier (UK)
teller (US)
касир *m*
касирка *f*

aisle
прохід

shelf
полиця

offers (UK)
specials (US)
акції

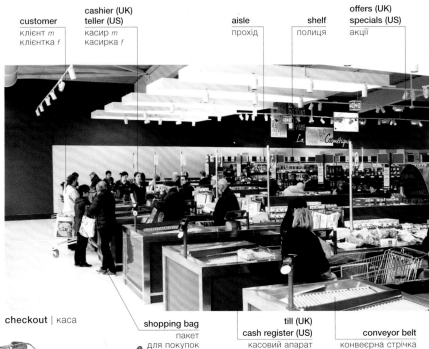

checkout | каса

shopping bag
пакет
для покупок

till (UK)
cash register (US)
касовий апарат

conveyor belt
конвеєрна стрічка

groceries
продукти

handle
ручка

780863 185779

bar code
штрихкод

trolley (UK)
grocery cart (US)
візок

basket | кошик

scanner | сканер

bakery
випічка

dairy
молочні
продукти

breakfast cereals
пластівці
на сніданок

**tinned food (UK)
canned food (US)**
консерви

**confectionery (UK)
candy (US)**
кондитерські
вироби

vegetables
овочі

fruit
фрукти

**meat and
poultry**
м'ясо та птиця

fish
риба

deli
делікатеси

frozen food
заморожені
продукти

**ready meals (UK)
prepared food (US)**
напівфабрикати

drinks
напої

**household
products**
побутова хімія

toiletries
засоби гігієни

baby products
товари для
малюків

electrical goods
електротовари

pet food
товари для тварин

magazines | журнали

chemist's (UK) / drugstore (US) • аптека

dental care
догляд
за зубами

feminine hygiene
жіноча гігієна

deodorants
дезодоранти

vitamins
вітаміни

dispensary (UK)
pharmacy (US)
місце
видачі ліків

pharmacist
фармацевт *m*
фармацевтка *f*

cough medicine
ліки від кашлю

herbal remedies
фітопрепарати

skin care
догляд за шкірою

aftersun (UK)
aftersun lotion
(US)
після засмаги

sunscreen
сонцезахисні засоби

sunblock
захист від сонця

insect repellent
засіб від комах

wet wipe
волога серветка

tissue
суха серветка

sanitary towel (UK)
sanitary napkin (US)
гігієнічна прокладка

tampon
тампон

panty liner
щоденна прокладка

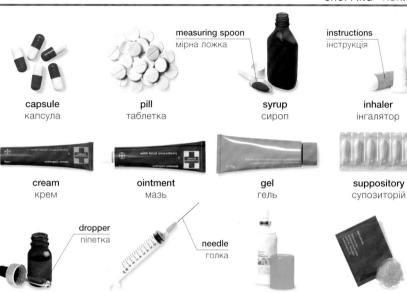

capsule
капсула

pill
таблетка

measuring spoon
мірна ложка

syrup
сироп

instructions
інструкція

inhaler
інгалятор

cream
крем

ointment
мазь

gel
гель

suppository
супозиторій

dropper
піпетка

drops
краплі

needle
голка

syringe
шприц

spray
спрей

powder
порошок

---

vocabulary • словник

iron
залізо

magnesium
магній

calcium
кальцій

multivitamins
мультивітаміни

insulin
інсулін

medicine
ліки

pill
таблетка

dosage
дозування

side-effects
побічні ефекти

medication
лікарський
засіб

laxative
проносне

painkiller
знеболювальне

sedative
заспокійливе

face mask
медична
маска

soluble
розчинний *m*
розчинна *f*

disposable
одноразовий *m*
одноразова *f*

throat lozenge
пастилки від
болю в горлі

anti-inflammatory
протизапальний засіб

travel-sickness pills (UK)
motion-sickness pills (US)
пігулки від захитування

expiry date (UK)
expiration date (US)
термін придатності

diarrhoea medication (UK)
diarrhea medication (US)
ліки від діареї

---

florist's (UK) / florist (US) • квіткарня

flowers
квіти

lily
лілія

acacia
акація

carnation
гвоздика

pot plant (UK)
potted plant
(US)
кімнатна
рослина

gladiolus
косарик

iris
півник

daisy
ромашка

chrysanthemum
хризантема

gypsophila (UK)
baby's
breath (US)
лещиця

stock
матіола

gerbera
гербера

foliage
листя

rose
троянда

freesia
фрезія

orchid
орхідея

vase
ваза

peony
півонія

bunch
оберемок

stem
стебло

daffodil
нарцис

bud
пуп'янок

wrapping
обгортковий
папір

tulip | тюльпан

arrangements • КОМПОЗИЦІЇ

ribbon
стрічка

bouquet
букет

dried flowers
засушені квіти

pot-pourri | квіткове попурі

wreath | вінок

garland
гірлянда

---

vocabulary • словник

Are they fragrant?
Вони пахнуть?

Can I attach a message?
Чи можу я прикріпити
записку?

**Can I have them
wrapped?**
Можна їх загорнути?

How long will these last?
Скільки вони простоять?

Can you send them to… ?
Ви не могли б надіслати
їх до… ?

**Can I have a bunch
of…, please?**
Можна мені оберемок…,
будь ласка.

---

newsagent's (UK) / newsstand (US) • газетний кіоск

packet of cigarettes (UK)
pack of cigarettes (US)
пачка цигарок

lighter
запальничка

ashtray
попільничка

stamps
марки

postcard
листівка

comic (UK)
comic book (US)
комікс

magazine
журнал

newspaper
газета

smoking • паління

tobacco
тютюн

cigar
сигара

vape
вейп

vape liquid
рідина для вейпа

sweet shop (UK) / candy store (US)
магазин солодощів

box of chocolates
коробка шоколадних цукерок

snack bar
батончики

crisps (UK)
potato chips (US)
чипси

vocabulary • словник

milk chocolate
молочний шоколад

caramel
карамель

dark chocolate
чорний шоколад

truffle
трюфель

white chocolate
білий шоколад

biscuit (UK)
cookie (US)
печиво

pick and mix
мікс солодощів

confectionery • кондитерські вироби

chocolate
шоколад

chocolate bar
плитка шоколаду

sweets (UK)
hard candy (US)
цукерки

lollipop
льодяник на паличці

toffee
іриска

nougat
нуга

marshmallow
маршмелоу

mint
м'ятні цукерки

chewing gum
жувальна гумка

jellybean
мармеладні цукерки

fruit gum (UK)
gumdrop (US)
фруктові жувальні цукерки

liquorice (UK)
licorice (US)
локричні цукерки

other shops (UK) / other stores (US) • інші магазини

baker's (UK)
bakery (US)
пекарня

cake shop (UK)
pastry shop (US)
кондитерська

butcher's (UK)
butcher shop (US)
м'ясний магазин

fishmonger's (UK)
fish counter (US)
рибний магазин

greengrocer's (UK)
produce stand (US)
магазин овочів
і фруктів

grocer's (UK)
grocery store (US)
бакалія

shoe shop (UK)
shoe store (US)
магазин взуття

hardware shop (UK)
hardware store (US)
господарчі товари

antiques shop (UK)
antiques store (US)
антикварна
крамниця

gift shop
магазин подарунків

travel agent's (UK)
travel agency (US)
туристичне
агентство

jeweller's (UK)
jewelry store (US)
ювелірний магазин

bookshop (UK)
bookstore (US)
книжкова крамниця

off licence (UK)
liquor store (US)
магазин алкогольних напоїв

pet care shop (UK)
pet supplies store (US)
зоомагазин

furniture shop (UK)
furniture store (US)
меблевий магазин

boutique
бутик

---

vocabulary • словник

estate agent's (UK)
real estate office (US)
агентство
з нерухомості

delicatessen (UK)
deli (US)
магазин делікатесів

locksmith's (UK)
locksmith (US)
виготовлення ключів

launderette (UK)
laundromat (US)
пральня

garden centre (UK)
garden center (US)
садовий центр

dry cleaner's (UK)
dry cleaner (US)
хімчистка

**health food
shop (UK)**
**health food
store (US)**
магазин здорового
харчування

art shop (UK)
art supply store (US)
художній магазин

**second-hand
shop (UK)**
**secondhand
store (US)**
секондгенд

tailor's (UK)
tailor (US)
кравецька майстерня

hairdresser's (UK)
salon (US)
перукарня

phone shop (UK)
phone store (US)
салон мобільного зв'язку

shoe repairs ремонт
взуття

market | ринок

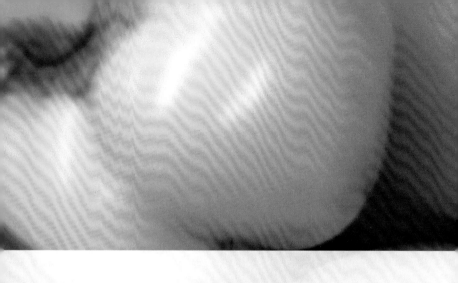

food
їжа

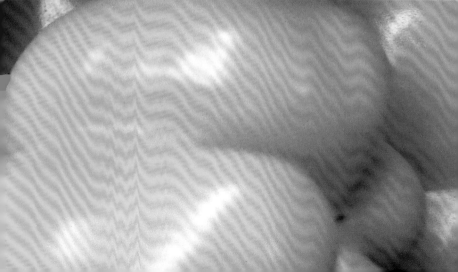

meat • М'ЯСО

lamb
баранина

butcher
м'ясник *m*
жінка-м'ясник *f*

meat hook
гачок для
м'яса

scales (UK)
scale (US)
ваги

knife sharpener
точилка для ножів

bacon
бекон

sausages
ковбаски

liver
печінка

vocabulary • словник

pork свинина	tongue язик	halal халяль	smoked копчений *m* копчена *f*	white meat біле м'ясо
beef яловичина	rabbit м'ясо кролика	kosher кошерний *m* кошерна *f*	cured в'ялений *m* в'ялена *f*	red meat червоне м'ясо
veal телятина	goat козине	offal (UK) variety meat (US) субпродукти	organic натуральний *m* натуральна *f*	lean meat нежирне м'ясо
venison оленина	м'ясо			cooked meat приготоване м'ясо
game дичина			free range вільного вигулу	

cuts • шматки

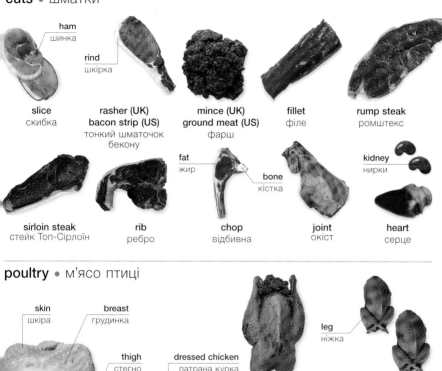

slice
скибка

rasher (UK)
bacon strip (US)
тонкий шматочок
бекону

mince (UK)
ground meat (US)
фарш

fillet
філе

rump steak
ромштекс

sirloin steak
стейк Топ-Сірлоїн

rib
ребро

chop
відбивна

joint
окіст

heart
серце

poultry • м'ясо птиці

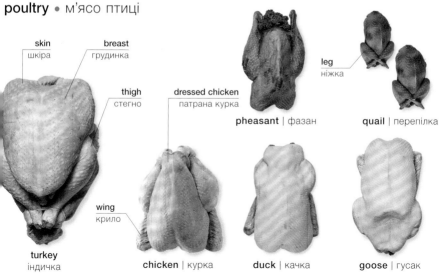

pheasant | фазан

quail | перепілка

turkey
індичка

chicken | курка

duck | качка

goose | гусак

fish • риба

monkfish
морський чорт

fin
плавник

swordfish
риба-меч

trout
форель

sardine
сардина

mackerel
скумбрія

haddock
пікша

skate
скат

sea bream
дорадо

cod
тріска

sea bass
сібас

tail
хвіст

tuna
тунець

scale
луска

salmon | лосось

red mullet
червона кефаль

lemon sole
камбала лемонсоль

rainbow trout
райдужна форель

Dover sole
солія

whiting
мерланг

halibut
палтус

seafood • морепродукти

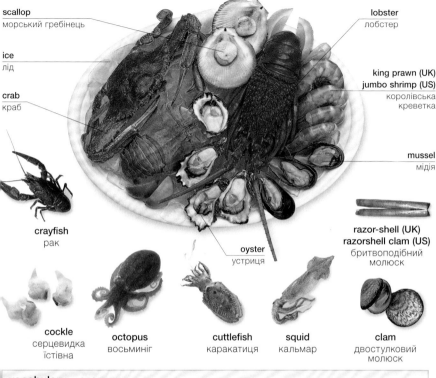

scallop
морський гребінець

ice
лід

crab
краб

lobster
лобстер

king prawn (UK)
jumbo shrimp (US)
королівська
креветка

mussel
мідія

razor-shell (UK)
razorshell clam (US)
бритвоподібний
молюск

oyster
устриця

crayfish
рак

cockle
серцевидка
їстівна

octopus
восьминіг

cuttlefish
каракатиця

squid
кальмар

clam
двостулковий
молюск

vocabulary • словник

fresh свіжий *m* свіжа *f*	**salted** солоний *m* солона *f*	**descaled (UK)** **scaled (US)** очищений від луски *m* очищена від луски *f*	**fillet** філе	**loin** спинка	**bone** луска
frozen заморожений *m* заморожена *f*	**smoked** копчений *m* копчена *f*		**filleted** нарізаний на філейні шматки	**cleaned** почищений *m* почищена *f*	
prawn (UK) **shrimp (US)** креветка	**boned** без кісточок	**skinned** без шкіри	**steak** стейк	**Will you clean it for me?** Ви почистите це для мене?	

vegetables (1) • овочі

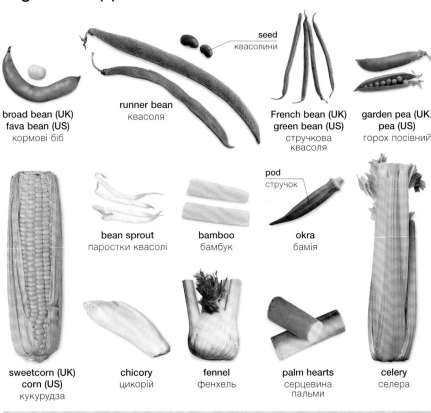

seed
квасолини

broad bean (UK)
fava bean (US)
кормові біб

runner bean
квасоля

French bean (UK)
green bean (US)
стручкова
квасоля

garden pea (UK)
pea (US)
горох посівний

bean sprout
паростки квасолі

bamboo
бамбук

pod
стручок

okra
бамія

sweetcorn (UK)
corn (US)
кукурудза

chicory
цикорій

fennel
фенхель

palm hearts
серцевина
пальми

celery
селера

---

vocabulary • словник

leaf листя	**floret** квітка	**tip** верхівка	**organic** натуральний *m* натуральна *f*	**Do you sell organic vegetables?** Ви продаєте органічні овочі?
stalk стебло	**kernel** ядро	**heart** серцевина	**plastic bag** пластиковий пакет	**Are these grown locally?** Вони вирощені у цій місцевості?

---

rocket (UK) / arugula (US)
рукола

watercress
крес-салат

radicchio
радиччіо

Brussels sprouts
брюссельська капуста

Swiss chard
мангольд

kale
кейл (капуста кечерява)

sorrel
щавель

endive
цикорій салатний

dandelion
листя кульбаби

spinach
шпинат

kohlrabi
кольрабі

pak choi (UK) / bok choy (US)
капуста бок-чой

lettuce
салат латук

broccoli
броколі

cabbage
капуста

spring greens
молода капуста

vegetables (2) • ОВОЧІ

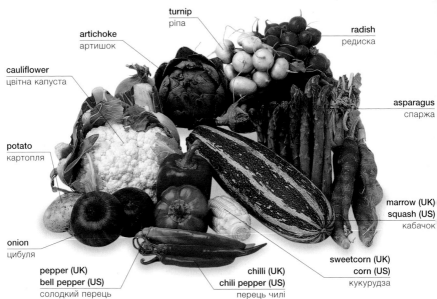

turnip
ріпа

radish
редиска

artichoke
артишок

cauliflower
цвітна капуста

asparagus
спаржа

potato
картопля

marrow (UK)
squash (US)
кабачок

onion
цибуля

sweetcorn (UK)
corn (US)
кукурудза

pepper (UK)
bell pepper (US)
солодкий перець

chilli (UK)
chili pepper (US)
перець чилі

vocabulary • СЛОВНИК

cherry tomato помідори чері	**taro root** корінь таро	**hot (spicy)** гострий *m* / гостра *f*	**A kilo of potatoes, please.** Можна мені один кілограм картоплі, будь ласка?
carrot морква	**cassava** маніока	**sweet** солодкий *m* / солодка *f*	**What's the price per kilo?** Яка ціна за кілограм?
breadfruit плід хлібного дерева	**water chestnut** водяний каштан	**bitter** гіркий *m* / гірка *f*	**What are those called?** Як вони називаються?
new potato молода картопля	**frozen** заморожений *m* заморожена *f*	**firm** твердий *m* / тверда *f*	
celeriac корінь селери	**raw** сирий *m* / сира *f*	**flesh** м'якоть	
		root корінь	

english • українська

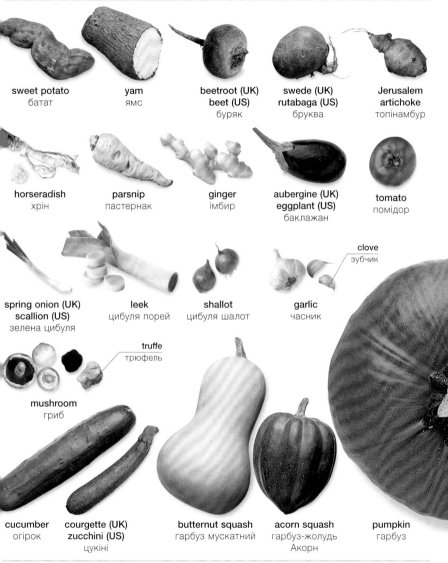

sweet potato
батат

yam
ямс

beetroot (UK)
beet (US)
буряк

swede (UK)
rutabaga (US)
бруква

Jerusalem
artichoke
топінамбур

horseradish
хрін

parsnip
пастернак

ginger
імбир

aubergine (UK)
eggplant (US)
баклажан

tomato
помідор

spring onion (UK)
scallion (US)
зелена цибуля

leek
цибуля порей

shallot
цибуля шалот

clove
зубчик

garlic
часник

truffe
трюфель

mushroom
гриб

cucumber
огірок

courgette (UK)
zucchini (US)
цукіні

butternut squash
гарбуз мускатний

acorn squash
гарбуз-жолудь
Акорн

pumpkin
гарбуз

fruit (1) • фрукти

citrus fruit • цитрусові фрукти

stone fruit • кісточкові плоди

orange
апельсин

clementine
клементин

peach
персик

nectarine
нектарин

pith
альбедо

ugli fruit
угліфрут

grapefruit
грейпфрут

apricot
абрикос

plum
слива

cherry
вишня

segment
долька

pear
груша

apple
яблуко

satsuma
сатсума

tangerine
мандарин

zest
цедра

lime
лайм

lemon
лимон

kumquat
кумкват

basket of fruit | кошик із фруктами

berries and melons • ягоди та гарбузові

strawberry
полуниця

raspberry
малина

melon
диня

grapes
виноград

blackberry
ожина

redcurrant (UK)
red currant (US)
порічки червоні

cranberry
журавлина

blackcurrant (UK)
black currant (US)
смородина

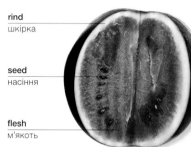

rind
шкірка

seed
насіння

flesh
м'якоть

blueberry
чорниця

white currant
порічки білі

watermelon
кавун

loganberry
ожиномалина
Логанберрі

gooseberry
аґрус

vocabulary • словник

sweet солодкий *m* солодка *f*	**sour** кислий *m* кисла *f*	**fibre (UK)** **fiber (US)** клітковина	**Are they ripe?** Вони стиглі?
crisp хрусткий *m* хрустка *f*	**juicy** соковитий *m* соковита *f*	**core** кісточка	**Can I try one?** Можна мені скуштувати?
fresh свіжий *m* свіжа *f*	**rotten** гнилий *m* гнила *f*	**seedless** без кісточок	**How long will they keep?** Як довго вони пролежать?
pulp м'якоть	**juice** сік		

fruit (2) • фрукти

mango
манго

pineapple
ананас

avocado
авокадо

papaya
папая

peach
персик

lychee
лічі

pip (UK)
seed (US)
дрібна
кісточка

kiwifruit
ківі

Cape gooseberry
плід фізалісу

skin (UK)
peel (US)
шкірка

quince
айва

passion fruit
маракуя

banana
банан

guava
гуава

pomegranate
гранат

persimmon
хурма

feijoa
фейхоа

prickly pear
опунція

starfruit
карамбола

tamarillo
тамарільйо

english • українська

nuts and dried fruit • горіхи й сухофрукти

pine nut
кедровий горіх

pistachio
фісташки

**cashew nut (UK)
cashew (US)**
кеш'ю

peanut
арахіс

hazelnut
ліщиновий горіх

brazil nut
бразильський горіх

pecan
горіх пекан

almond
мигдаль

walnut
волоський горіх

chestnut
каштан

macadamia
горіх макадамія

fig
інжир

date
фінік

prune
чорнослив

shell
шкаралупа

flesh
м'якоть

sultana
світлі родзинки

raisin
темні родзинки

currant
сушена смородина

coconut
кокос

vocabulary • словник

ripe стиглий *m* / стигла *f*	**soft** м'який *m* м'яка *f*	**shelled** очищений *m* очищена *f*	**salted** солоний *m* солона *f*	**tropical fruit** тропічний фрукт	**green** зелений *m* зелена *f*
raw сирий *m* / сира *f*	**hard** твердий *m* тверда *f*	**whole** цілий *m* ціла *f* /цільне *n*	**roasted** обсмажений *m* обсмажена *f*	**candied fruit** цукати	**seasonal** сезонний *m* сезонна *f*
desiccated підсушений *m* підсушена *f*	**kernel** ядро			**jackfruit** джекфрут	

grains and pulses (UK) / grains and legumes (US)
зернові та бобові

grains • зернові

wheat
пшениця

oats
овес

barley
ячмінь

millet
пшоно

corn
кукурудза

quinoa
кіноа

vocabulary • словник

seed насіння	**fragranced** аромати-зований *m* аромати-зована *f*	**wholegrain (UK)** **whole-grain (US)** цільно-зерновий *m* цільно-зернова *f*
husk лушпиння		
kernel зерно	**soak (v)** замочувати (д)	**long-grain** довго-зернистий
cereal крупи	**easy-cook (UK)** **quick cooking (US)** швидкого приготу-вання	**short-grain** кругло-зернистий
dry сушений *m* сушена *f*		
fresh свіжий *m* свіжа *f*		

rice • рис

white rice
білий рис

brown rice
бурий рис

wild rice
дикий рис

pudding rice (UK)
arborio rice (US)
рис Арборіо

processed grains
об008роблені зернові

couscous
кускус

cracked wheat
подрібнена пшениця

semolina
манна крупа

bran
висівки

beans and peas • боби та горох

butter beans
квасоля лімська

haricot beans
квасоля

red kidney beans
червона квасоля

aduki beans
квасоля кутаста

broad beans (UK)
fava beans (US)
боби кінські

soya beans (UK)
soybeans (US)
соєві боби

black-eyed beans (UK)
black-eyed peas (US)
квасоля (солдатик)

pinto beans
квасоля пінто

mung beans
маш

flageolet beans
квасоля флажоле

brown lentils
коричнева
сочевиця

red lentils
червона
сочевиця

green peas
зелений горошок

chick peas
нут

split peas
колотий горох

seeds • насіння

pumpkin seed
арбузове насіння

mustard seed
зерна гірчиці

caraway seed
кмин

sesame seed
насіння кунжуту

sunflower seed
насіння соняшника

herbs and spices • трави та спеції

spices • спеції

vanilla
ваніль

nutmeg
мускатний горіх

mace
мацис

turmeric
куркума

cumin
кмин

bouquet garni
букет гарні

allspice
духмяний перець

peppercorn
перець горошком

fenugreek
пажитник

chilli (UK)
chili powder (US)
чилі

whole
цілий *m* / ціла *f* /
цільне *n*

crushed
подрібнений *m*
подрібнена *f*

saffron
шафран

cardamom
кардамон

curry powder
карі

ground
мелений *m*
мелена *f*

paprika
паприка

flakes
пластівці

garlic
часник

herbs • трави

sticks
палички

cinnamon
кориця

lemongrass
лемонграс

cloves
гвоздика

star anise
бодян

fennel seeds
насіння
фенхелю

fennel
фенхель

bay leaf
лаврове листя

parsley
петрушка

chives
цибуля-трибулька

mint
м'ята

thyme
чебрець

sage
шавлія

tarragon
естрагон

marjoram
майоран

basil
базилік

ginger
імбир

oregano
орегано

coriander (UK)
cilantro (US)
коріандр

dill
кріп

rosemary
розмарин

bottled foods • продукти у пляшках і банках

walnut oil
олія волоського горіха

grapeseed oil
олія з виноградних кісточок

cork
корок

sunflower oil
соняшникова олія

almond oil
мигдалева олія

sesame seed oil
кунжутна олія

hazelnut oil
олія ліщинового горіха

olive oil
оливкова олія

herbs
трави

flavoured oil (UK)
flavored oil (US)
ароматизована олія

oils
олії

sweet spreads • солодкі намазки

jar
банка

honeycomb
стільник меду

set honey (UK)
raw honey (US)
натуральний мед

lemon curd
лимонний крем

raspberry jam
малиновий джем

marmalade
мармелад

clear honey
рідкий пастеризований мед

maple syrup
кленовий сироп

sauces and condiments
соуси, оцти й пасти

mayonnaise
майонез

cider vinegar
яблучний оцет

balsamic vinegar
бальзамічний
оцет

chutney
чатні

malt vinegar
солодовий
оцет

wine vinegar
винний оцет

vinegar
оцет

bottle
пляшка

ketchup
кетчуп

English mustard
англійська гірчиця

**French mustard (UK)
Dijon mustard (US)**
французька гірчиця

sauce
соус

**wholegrain mustard (UK)
whole-grain mustard (US)**
гірчиця в зернах

peanut butter
арахісова паста

chocolate spread
шоколадна паста

sealed jar
герметична
банка

preserved fruit
консервовані
фрукти

vocabulary • словник

vegetable oil
рослинна олія

corn oil
кукурудзяна
олія

cold-pressed oil
олія холодного
віджиму

soy sauce
соєвий соус

**rapeseed
oil (UK)
canola oil (US)**
ріпакова олія

**groundnut
oil (UK)
peanut oil (US)**
арахісова олія

dairy produce (UK) / dairy products (US)
молочні продукти

cheese • сир

rind
шкірка

semi-hard cheese
напівтвердий сир

grated cheese
тертий сир

hard cheese
твердий сир

semi-soft cheese
напівм'який сир

cottage ch
зернистий

cream cheese
вершковий сир

blue cheese
блакитний сир

soft cheese
м'який сир

fresh cheese | свіжий сир

milk • молоко

whole milk
незбиране
молоко

semi-skimmed milk (UK)
reduced-fat milk (US)
напівзнежирене
молоко

skimmed milk (UK)
skim milk (US)
знежирене
молоко

milk carton
пакет
молока

goat's milk
козяче
молоко

condensed milk
згущене молоко

cow's milk | коров'яче молоко

butter
масло

margarine
маргарин

cream
вершки

single cream (UK)
half-and-half (US)
нежирні вершки

double cream (UK)
heavy cream (US)
жирні вершки

whipped cream
збиті вершки

sour cream
сметана

yoghurt (UK)
yogurt (US)
йогурт

ice cream
морозиво

eggs • ЯЙЦЯ

egg yolk
жовток

egg white
білок

shell
шкаралупа

g cup (UK)
gcup (US)
іставка
я яєць

boiled egg (UK)
soft-boiled egg (US)
варене яйце

hen's egg
куряче яйце

duck egg
качине яйце

goose egg
гусяче яйце

quail egg
перепелине яйце

vocabulary • СЛОВНИК

pasteurized
пастеризований

unpasteurized
непастеризований

buttermilk
маслянка

milkshake (UK)
milk shake (US)
молочний
коктейль

frozen yoghurt (UK)
frozen yogurt (US)
заморожений
йогурт

lactose
лактоза

salted
солоний *m*
солона *f*

unsalted
несолоний *m*
несолона *f*

oat milk
вівсяне молоко

almond milk
мигдалеве
молоко

powdered milk
сухе молоко

fat-free
знежирений *m*
знежирена *f*

breads and flours • хліб і борошно

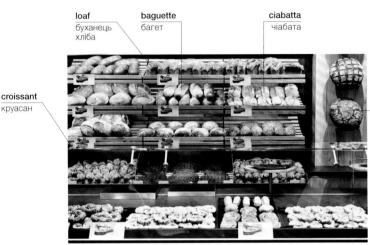

loaf
буханець
хліба

baguette
багет

ciabatta
чіабата

croissant
круасан

rye bread
житній хліб

bakery | хлібопекарські вироби

making bread • випікання хліба

white flour
біле борошно

brown flour
житнє борошно

wholemeal flour (UK)
whole-wheat flour (US)
цільнозернове
борошно

yeast
дріжджі

sift (v) | просіювати (д)

mix (v) | перемішувати (д)

dough
тісто

knead (v) | місити (д)

bake (v) | випікати (д

crust
скоринка

white bread
білий хліб

brown bread
чорний хліб

wholemeal bread (UK)
whole-wheat bread (US)
цільнозерновий хліб

slice
скибка

granary bread (UK)
multigrain bread (US)
зерновий хліб

corn bread
кукурудзяний хліб

soda bread
содовий хліб

sourdough bread
хліб на заквасці

flatbread (UK)
flat bread (US)
коржик

bagel
сушка

bap (UK) / bun (US)
м'яка плоска булочка

roll
булочка

fruit bread
фруктовий хліб

seeded bread
випічка з маком

naan bread
наан

pitta bread (UK)
pita bread (US)
піта

crispbread
хлібець

vocabulary • словник

rise (v)
підніматися (д)

prove (v)
підніматися(д)

baker
пекар *m* / пекарка *f*

strong flour (UK)
bread flour (US)
борошно з
високим вмістом
клейковини

self-raising flour (UK)
self-rising flour (US)
борошно, що саме
підходить

plain flour (UK)
all-purpose flour (US)
звичайне борошно

breadcrumbs
панірувальні сухарі

gluten-free
безглютеновий *m*
безглютенова *f*

slicer
скиборізка

flute
короткий
багет

cakes and desserts • торти й десерти

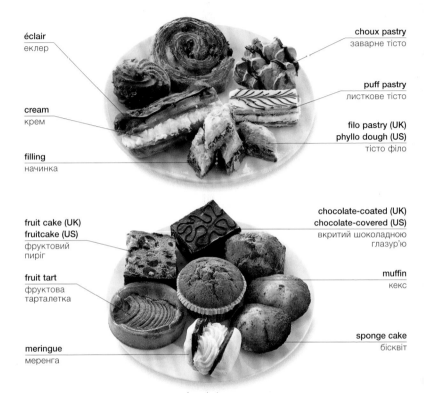

éclair
еклер

cream
крем

filling
начинка

choux pastry
заварне тісто

puff pastry
листкове тісто

filo pastry (UK)
phyllo dough (US)
тісто філо

fruit cake (UK)
fruitcake (US)
фруктовий
пиріг

fruit tart
фруктова
тарталетка

meringue
меренга

chocolate-coated (UK)
chocolate-covered (US)
вкритий шоколадною
глазур'ю

muffin
кекс

sponge cake
бісквіт

cakes | тістечка

---

vocabulary • словник

crème patisserie кондитерський крем	**bun** булочка	**pastry** тістечко	**rice pudding** рисовий пудинг	**May I have a** **slice, please?** Можна мені шматочок, будь ласка?
chocolate cake шоколадний торт	**custard** заварний крем	**slice** шматочок	**celebration** святкування	

chocolate chip
шоколадні
дрібки

sponge fingers (UK)
ladyfinger (US)
бісквітні пальчики

florentine
флорентіні

trifle
трайфл

biscuits (UK) / cookies (US) | печиво

mousse
мус

**sorbet (UK)
sherbet (US)**
сорбет

cream pie
пиріг із кремом

crème caramel
карамельний пудинг

celebration cakes • СВЯТКОВІ ТОРТИ

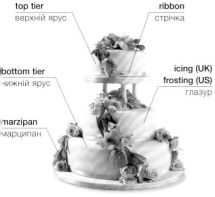

top tier
верхній ярус

ribbon
стрічка

bottom tier
нижній ярус

icing (UK)
frosting (US)
глазур

marzipan
марципан

wedding cake | весільний торт

decoration
прикраси

birthday candles
свічки для торта

blow out (v)
задувати (д)

birthday cake | торт до дня народження

delicatessen • делікатеси

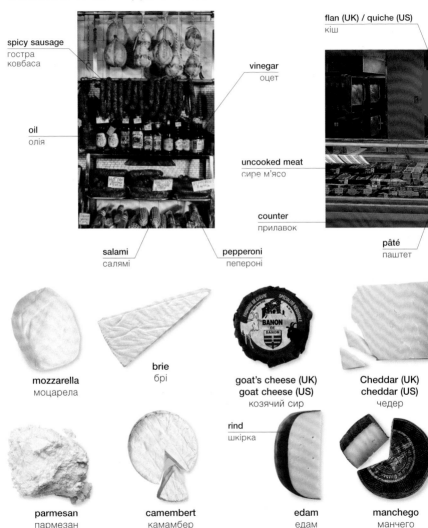

spicy sausage
гостра
ковбаса

vinegar
оцет

oil
олія

flan (UK) / quiche (US)
кіш

uncooked meat
сире м'ясо

counter
прилавок

pâté
паштет

salami
салямі

pepperoni
пепероні

mozzarella
моцарела

brie
брі

goat's cheese (UK)
goat cheese (US)
козячий сир

Cheddar (UK)
cheddar (US)
чедер

parmesan
пармезан

camembert
камамбер

rind
шкірка

edam
едам

manchego
манчего

meat pies
пироги

bread roll
булочка

cooked meat
м'ясна нарізка

green olive
зелені оливки

ham
шинка

black olive
маслини

chilli (UK)
chili pepper (US)
чилі

sauce
соус

sandwich counter
прилавок із закусками

smoked fish
копчена риба

capers
каперси

vocabulary • словник		
in oil в олії	**marinated** маринований *m* маринована *f*	**smoked** копчений *m* копчена *f*
in brine у розсолі	**salted** солоний *m* солона *f*	**cured** в'ялений *m* в'ялена *f*

Take a number, please.
Візьміть кілька, будь ласка.

Can I try some of that, please?
Чи можу я скуштувати щось із цього,
будь ласка?

May I have six slices of that, please?
Можна мені шість шматочків цього,
будь ласка?

prosciutto
прошуто

chorizo
чорисо

stuffed olive
фаршировані оливки

drinks • напої

water • вода

bottled water
вода в пляшках

sparkling
газована

still
негазована

tap water
вода з-під крана

tonic water
тонік

soda water
содова вода

mineral water
мінеральна вода

hot drinks • гарячі напої

teabag
чайний пакетик

loose-leaf tea
розсипний чай

tea
чай

beans
зерна

ground coffee
мелена кава

coffee
кава

hot chocolate
гарячий шоколад

malted milk (UK)
malted drink (US)
ячмінний напій

soft drinks • безалкогольні напої

straw
соломинка

tomato juice
томатний сік

fruit juice
фруктовий сік

lemonade
лимонад

orangeade
напій зі смаком апельсина

cola
кола

alcoholic drinks • алкогольні напої

gin
джин

can
бляшана
банка

beer
пиво

cider (UK)
hard cider (US)
сидр

bitter (UK)
amber ale (US)
бітер

stout
стаут

vodka
горілка

whisky (UK) / whiskey (US)
віскі

rum
ром

brandy
бренді

port
портвейн

dry
сухий

sherry
херес

saké
саке

rosé
рожеве

white
біле

red
червоне

wine
вино

liqueur
лікер

tequila
текіла

champagne
шампанське

eating out
їмо не вдома

café • кафе

menu
меню

awning
тент

umbrella
парасоля

terrace café (UK) / patio café (US)
кафе на терасі

coffee machine
кавомашина

table
стіл

snack bar | снек бар

pavement café (UK)
sidewalk café (US)
вуличне кафе

coffee • кава

white coffee (UK)
coffee with milk (US)
кава з молоком
або вершками

black coffee
чорна кава

cocoa powder
какао-
порошок

froth
пінка

filter coffee
фільтр кава

espresso
еспресо

cappuccino
капучино

iced coffee
холодна кава

tea • чай

herbal tea
трав'яний
чай

camomile tea (UK) / chamomile tea (US)
ромашковий чай

green tea
зелений чай

tea with milk
чай з молоком

black tea
чорний чай

tea with lemon
чай з лимоном

mint tea
м'ятний чай

iced tea
холодний чай

juices and milkshakes • соки та молочні коктейлі

chocolate milkshake
шоколадний молочний
коктейль

**strawberry
milkshake**
полуничний
молочний
коктейль

coffee milkshake
кавовий молочний
коктейль

orange juice
пельсиновий
сік

apple juice
яблучний
сік

pineapple juice
ананасовий сік

tomato juice
томатний сік

food • їжа

**brown bread (UK)
whole-wheat
bread (US)**
чорний хліб

scoop
кулька

toasted sandwich
дсмажений сендвіч

salad
салат

ice cream
морозиво

pastry
випічка

bar • бар

coffee machine
кавомашина

beer tap
кран для
розливання пива

bartender
бармен *m*
барменка *f*

till (UK)
cash register (US)
касовий апарат

bar counter
барна стійка

coaster
підставка

vocabulary
СЛОВНИК

optic (UK)
dispenser (US)
диспенсер

ice bucket
відро з льодом

bar stool
барний стілець

ashtray
попільничка

tongs
щипці

bottle opener
відкривачка
для пляшок

lever
важіль

corkscrew | штопор

stirrer
ложка-
мішалка

measure
джигер

cocktail shaker
шейкер для коктейлів

gin and tonic
джин-тонік

pitcher
глечик

scotch and water
віскі із содовою

ice cube
кубик льоду

rum and cola
ром з колою

vodka and orange (UK)
screwdriver (US)
горілка з
апельсиновим соком

martini
мартіні

cocktail
коктейль

wine
вино

beer
пиво

single
одна
порція

double
подвійна
порція

ice and lemon
лід та лимон

shot
шот

measure
мірка для шотів

without ice
без льоду

with ice
з льодом

bar snacks
барні закуски

cashew nuts (UK)
cashews (US)
кеш'ю

almonds
мигдаль

peanuts
арахіс

crisps (UK) / potato chips (US)
чипси

nuts | горіхи

olives | оливки

restaurant • ресторан

table setting
сервірування столу

commis chef (UK)
sous chef (US)
помічник
шеф-кухаря *m*
помічниця
шеф-кухаря *f*

chef
шеф-кухар *m*
шеф-кухарка *f*

glass
бокал

tray
таця

kitchen
кухня

waiter / waitress (UK) / server (US)
офіціант *m* / офіціантка *f*

vocabulary • словник

lunch menu обіднє меню	**à la carte** меню а-ля карт	**receipt** чек	**salt** сіль	**pepper** перець
evening menu (UK) **dinner menu (US)** вечірнє меню	**specials** фірмові страви	**bill (UK)** **check (US)** рахунок	**price** ціна	**bar** бар
			tip чайові	**wine list** винна карта
sweet trolley (UK) **dessert cart (US)** сервірувальний столик	**service included (UK)** **service charge included (US)** обслуговування включено	**service not included (UK)** **service charge not included (US)** обслуговування не включено	**customer** клієнт *m* клієнтка *f*	**buffet** шведський стіл

menu
меню

child's meal
дитяче меню

order (v)
замовляти (д)

pay (v)
платити (д)

courses • страви

apéritif
аперитив

**starter (UK)
appetizer (US)**
закуска

soup
суп

**main course (UK)
entrée (US)**
головна страва

side dish
гарнір

dessert | десерт

coffee | кава

vocabulary • словник

A table for two, please.
Столик на двох, будь ласка.

**Can I see the menu /
winelist, please?**
Можна ваше меню / винну карту,
будь ласка?

Is there a fixed-price menu?
У вас є меню із фіксованими
цінами?

**Do you have any
vegetarian dishes?**
У вас є щось вегетаріанське?

**Could I have the bill /
a receipt, please? (UK)
Could I have the check /
a receipt, please? (US)**
Можна мені рахунок / чек,
будь ласка?

Can we pay separately?
Чи можемо ми розрахуватися
окремо?

**Where are the toilets,
please? (UK)
Where is the restroom,
please? (US)**
Підкажіть, будь ласка,
де вбиральня?

fast food • фастфуд

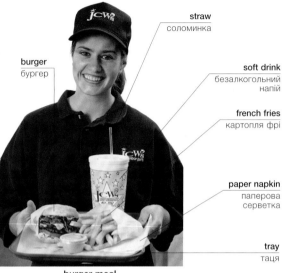

straw
соломинка

burger
бургер

soft drink
безалкогольний
напій

french fries
картопля фрі

paper napkin
паперова
серветка

tray
таця

burger meal
бургер меню

home delivery
доставка додому

canned drink
напої в банках

price list
прайс

street stall (UK) / street vendor (US)
вуличний фастфуд

hamburger
гамбургер

chicken burger (UK)
chicken sandwich (US)
чікен бургер

bun
булочка

veggie burger
вегетаріанський бургер

mustard
гірчиця

sausage
сосиска

hot dog
хотдог

sandwich
сендвіч

club sandwich
клаб сендвіч

filling
начинка

open sandwich (UK)
open-faced sandwich (US)
відкритий бутерброд

wrap
сендвіч-рап

savoury (UK)
savory (US)
несолодкий *m*
несолодка *f*

sweet
солодкий *m*
солодка *f*

sauce
соус

kebab
кебаб

chicken nuggets
курячі нагетси

crêpes (UK) / crepes (US
млинці

topping
начинка

fish and chips
риба в клярі та
картопля фрі

ribs
реберця

fried chicken
смажена курка

pizza
піца

breakfast • сніданок

milk
молоко

cereal
пластівці

jam
джем

sugar
цукор

dried fruit
сухофрукти

ham
шинка

cheese
сир

crispbread
хлібці

breakfast buffet
сніданок «шведський стіл»

marmalade
мармелад

pâté
паштет

butter
масло

fruit juice
фруктовий сік

coffee
кава

hot chocolate
гарячий шоколад

croissant
круасан

tea
чай

breakfast table | стіл для сніданку

drinks | напої

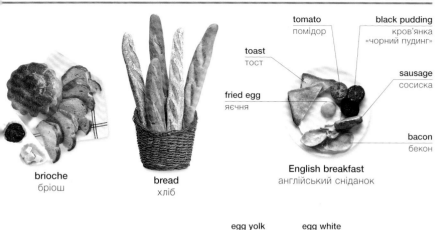

English breakfast
англійський сніданок

tomato
помідор

black pudding
кров'янка
«чорний пудинг»

toast
тост

sausage
сосиска

fried egg
яєчня

bacon
бекон

brioche
бріош

bread
хліб

kippers
опчена риба «кіперс»

french toast
французькі тости

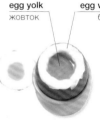

egg yolk
жовток

egg white
білок

boiled egg (UK)
soft-boiled egg (US)
варене яйце

scrambled eggs
яєчня-бовтанка

cream (UK)
whipped cream (US)
вершки

pancakes (UK)
crepes (US)
млинці

waffles
вафлі

fruit yoghurt (UK)
fruit yogurt (US)
фруктовий йогурт

porridge (UK)
oatmeal (US)
каша

fresh fruit
свіжі фрукти

dinner • обід

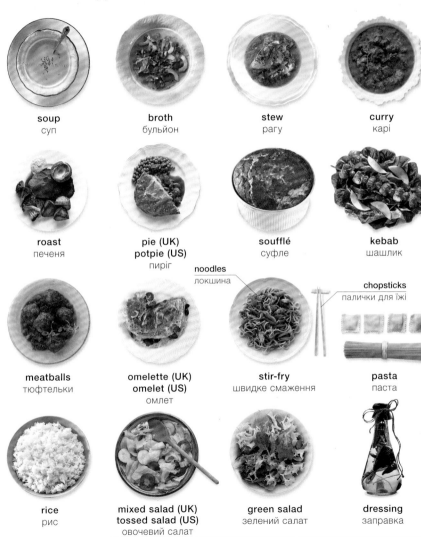

soup
суп

broth
бульйон

stew
рагу

curry
карі

roast
печеня

pie (UK)
potpie (US)
пиріг

soufflé
суфле

kebab
шашлик

noodles
локшина

chopsticks
палички для їжі

meatballs
тюфтельки

omelette (UK)
omelet (US)
омлет

stir-fry
швидке смаження

pasta
паста

rice
рис

mixed salad (UK)
tossed salad (US)
овочевий салат

green salad
зелений салат

dressing
заправка

english • українська

techniques • способи приготування

stuffed
фарширований *m*
фарширована *f*

in sauce
у соусі

grilled
грильований *m*
грильована *f*

marinated
замаринований *m*
замаринована *f*

poached
припущений *m*
припущена *f*

mashed
товчений *m* / товчена *f*

baked
запечений *m* / запечена *f*

pan-fried
підсмажений *m*
підсмажена *f*

fried
смажений *m*
смажена *f*

pickled
квашений *m*
квашена *f*

smoked
копчений *m*
копчена *f*

deep-fried
смажений у фритюрі *m*
смажена у фритюрі *f*

in syrup
у сиропі

dressed
заправлений *m*
заправлена *f*

steamed
паровий *m*
парова *f*

cured
в'ялений *m*
в'ялена *f*

study
навчання

school • школа

whiteboard
шкільна дошка

teacher
вчитель *m*
вчителька *f*

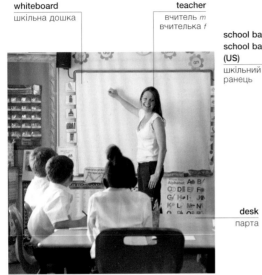

classroom | класна кімната

**school bag (UK)
school backpack (US)**
шкільний ранець

desk
парта

pupil (UK) / student (US)
учень *m* / учениця *f*

---

vocabulary • словник

history історія	**science** наука	**physics** фізика
languages іноземні мови	**art** мистецтво	**chemistry** хімія
literature література	**music** музика	**biology** біологія
geography географія	**maths (UK) math (US)** математика	**physical education** фізичне виховання

activities • заняття

read (v) | читати (д)

write (v) | писати (д)

spell (v)
писати по літерах (д)

draw (v)
малювати (д)

digital projector
цифровий проєктор

nib
вістря

pen
ручка

colouring pencil (UK)
colored pencil (US)
кольоровий олівець

pencil
sharpener
підстругачка

pencil
олівець

rubber (UK)
eraser US)
гумка

notebook
зошит

textbook | підручник

ruler
лінійка

pencil case
пенал

question (v)
ставити запитання (д)

answer (v)
відповідати (д)

discuss (v)
обговорювати (д)

learn (v)
вивчати (д)

vocabulary • словник		
head teacher (UK) **principal (US)** директор школи *m* директорка школи *f*	**take notes (v)** занотовувати (д)	**essay** твір
		grade клас
lesson урок	**homework** домашнє завдання	**year** рік
question запитання	**examination (UK)** **test (US)** перевірка знань	**dictionary** словник
answer відповідь		**encyclopedia** енциклопедія

maths (UK) / math (US) • математика

shapes • плоскі фігури

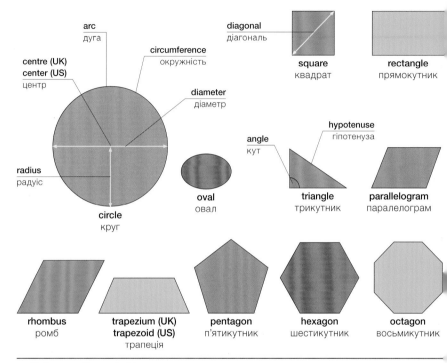

arc
дуга

circumference
окружність

centre (UK)
center (US)
центр

diameter
діаметр

radius
радіус

circle
круг

oval
овал

diagonal
діагональ

square
квадрат

rectangle
прямокутник

hypotenuse
гіпотенуза

angle
кут

triangle
трикутник

parallelogram
паралелограм

rhombus
ромб

trapezium (UK)
trapezoid (US)
трапеція

pentagon
п'ятикутник

hexagon
шестикутник

octagon
восьмикутник

solids • об'ємні фігури

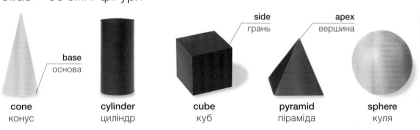

side
грань

apex
вершина

base
основа

cone
конус

cylinder
циліндр

cube
куб

pyramid
піраміда

sphere
куля

lines • лінії

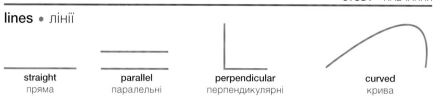

straight
пряма

parallel
паралельні

perpendicular
перпендикулярні

curved
крива

measurements • вимірювання

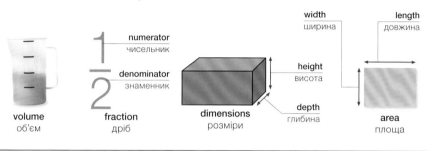

volume
об'єм

numerator
чисельник

denominator
знаменник

fraction
дріб

width
ширина

length
довжина

height
висота

depth
глибина

dimensions
розміри

area
площа

equipment • шкільне приладдя

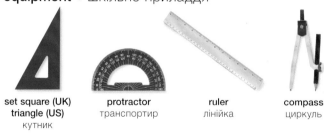

**set square (UK)
triangle (US)**
кутник

protractor
транспортир

ruler
лінійка

compass
циркуль

calculator
калькулятор

---

vocabulary • словник

geometry геометрія	**plus** плюс	**divided by** поділити на	**equals** дорівнює	**add (v)** додавати (д)	**multiply (v)** множити (д)	**equation** рівняння
arithmetic арифметика	**minus** мінус	**times** помножити на	**count (v)** рахувати (д)	**subtract (v)** віднімати (д)	**divide (v)** ділити (д)	**percentage** відсоток

---

science • наука

laboratory
лабораторія

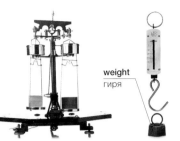

scales (UK) / scale (US)
ваги

weight
гиря

spring balance
кантар

crucible
тигель

Bunsen burner
пальник Бунзена

tripod
штатив

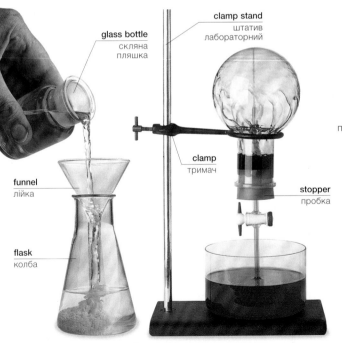

glass bottle
скляна пляшка

clamp stand
штатив лабораторний

clamp
тримач

stopper
пробка

funnel
лійка

flask
колба

test tube
пробірка

rack
підставка для пробірок

timer
таймер

petri dish
чашка Петрі

experiment | експеримент

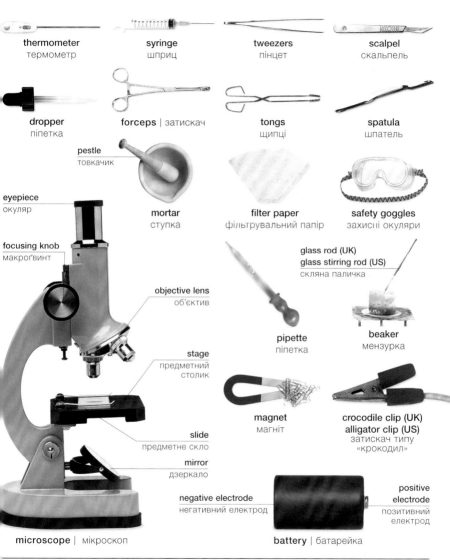

thermometer
термометр

syringe
шприц

tweezers
пінцет

scalpel
скальпель

dropper
піпетка

forceps | затискач

tongs
щипці

spatula
шпатель

pestle
товкачик

mortar
ступка

filter paper
фільтрувальний папір

safety goggles
захисні окуляри

eyepiece
окуляр

focusing knob
макрогвинт

objective lens
об'єктив

glass rod (UK)
glass stirring rod (US)
скляна паличка

pipette
піпетка

beaker
мензурка

stage
предметний
столик

slide
предметне скло

mirror
дзеркало

magnet
магніт

crocodile clip (UK)
alligator clip (US)
затискач типу
«крокодил»

negative electrode
негативний електрод

positive
electrode
позитивний
електрод

microscope | мікроскоп

battery | батарейка

college • коледж

sports field (UK)
playing field (US)
спортивне
поле

hall
residence (UK)
residence hall
(US)
гуртожиток

refectory (UK)
cafeteria (US)
їдальня

health centre (UK)
health center (US)
медцентр

admission
(UK)
admission
office (US)
приймальна
коміс

campus | кампус

librarian
бібліотекар *m*
бібліотекарка *f*

loans desk (UK)
circulation desk (US)
абонементний стіл

bookshelf
книжкова
полиця

periodical
періодичні
видання

journal
журнали

library | бібліотека

---

vocabulary • словник

library card читацький квиток	**enquiries (UK)** **help desk (US)** запити	**book** книга
		title назва
reading room читальна зала	**borrow (v)** брати на якийсь час (д)	**aisle** ряд
reading list список літератури	**reserve (v)** замовляти (д)	
return date (UK) **due date (US)** дата повернення	**renew (v)** поновити (д)	
loan абонемент		

lecturer (UK)
professor (US)
лектор m
лекторка f

undergraduate
студент m
студентка f

lecture theatre (UK) / lecture hall (US)
лекційна зала

graduate
випускник m
випускниця f

robe (UK)
gown (US)
мантія

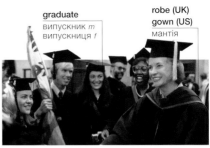

graduation ceremony
церемонія вручення дипломів

schools • ШКОЛИ

model
натурник m
натурниця f

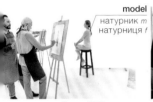

art college (UK)
art school (US)
художній коледж

music school
музична школа

dance academy (UK)
dance school (US)
танцювальна школа

vocabulary • словник

diploma
диплом

degree
ступінь

master's
ступінь
магістра

doctorate
докторський
ступінь

research
дослідження

dissertation
дисертація

thesis
дипломна
робота

postgraduate
аспірант m
аспірантка f

department
відділення

law
право

engineering
інженерія

medicine
медицина

zoology
зоологія

physics
фізика

literature
література

history of art (UK)
art history (US)
історія
мистецтва

politics (UK)
political science (US)
політологія

philosophy
філософія

economics
економіка

scholarship
стипендія

work
робота

office (1) • офіс

monitor
монітор

desktop organizer
органайзер
настільний

notebook
блокнот

laptop
ноутбук

out-tray
лоток із
розглянутими
документами

in-tray
лоток
для нових
документів

drawer
шухляда

desk
стіл

swivel chair
офісне крісло

**wastepaper
basket (UK)
wastebasket (US)**
кошик для
сміття

filing cabinet
картотечна шафа

office equipment • офісне обладнання

paper tray
лоток подачі
паперу

printer | принтер

shredder | подрібнювач паперу

vocabulary • словник

print (v)
роздруковувати
(д)

enlarge (v)
збільшувати
(д)

copy (v)
копіювати (д)

reduce (v)
зменшувати (д)

I need to make some copies.
Мені потрібно зробити кілька
копій.

office supplies • офісне приладдя

compliments slip
бланк для
листа з поба-
жаннями

envelope
конверт

box file
бокс для
документів

letterhead
фірмовий бланк

tab
вкладка

divider
роздільник

clipboard
планшет із
затискачем

notepad
блокнот

hanging file
підвісна папка

concertina file (UK)
expanding file (US)
папка-картотека

lever arch file (UK)
binder (US)
папка-реєстратор

sticky tape (UK)
tape (US)
скотч

staples
скоби

ink pad
чорнильна
подушечка

personal organizer
персональний
планувальник

stapler
степлер

tape dispenser
диспенсер для
скотча

hole punch
діркопробивач

rubber stamp
штамп

drawing pin (UK)
thumbtack (US)
кнопка

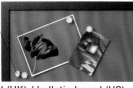

rubber band
нцелярська гумка

bulldog clip
затискач

paper clip
скріпка

notice board (UK) / bulletin board (US)
дошка для нотаток

office (2) • офіс

easel
підставка

flip chart
фліпчарт

minutes
протокол

proposal
пропозиція

manager
керівник *m*
керівниця *f*

report
звіт

executive
виконавець *m*
виконавиця *f*

meeting | збори

---

vocabulary • словник

meeting room
конференц-зала

attend (v)
бути присутнім (д)

agenda | порядок
денний

chair (v)
очолювати (д)

What time is the meeting?
О котрій збори?

What are your office hours?
Який графік роботи вашого офісу?

speaker
доповідач *m*
доповідачка *f*

presentation | презентація

---

business • бізнес

businessman / businessperson
бізнесмен *m*

businesswoman / businessperson
бізнеследі *f*

business lunch
діловий обід

business trip
відрядження

appointment
зустріч

**managing director (UK)
CEO (US)**
керуючий директор *m*
керуюча директорка *f*

digital calendar
цифровий календар

client
клієнт *m*
клієнтка *f*

business deal
ділова угода

vocabulary • словник

company компанія	**staff** персонал	**marketing department** відділ маркетингу	**legal department** юридичний відділ
head office головний офіс	**salary** заробітна платня	**sales department** комерційний відділ	**human resources department** відділ кадрів
branch (UK) regional office (US) філія	**payroll** зарплатна відомість	**customer service department** відділ обслуговування клієнтів	**accounts department (UK) accounting department (US)** бухгалтерія

computer • комп'ютер

printer
принтер

screen
екран

scanner
сканер

laptop
ноутбук

keyboard
клавіатура

key
клавіша

mouse
мишка

speaker
динамік

Bluetooth headset
Bluetooth гарнітура

webcam
вебкамера

router
роутер

memory stick
флешка

external hard drive
зовнішній жорсткий диск

battery pack
акумуляторна батарея

charging cable
зарядний кабель

smartphone
смартфон

tablet
планшет

vocabulary • словник

connect (v)
під'єднувати (д)

system
система

memory
пам'ять

program
програма

network
мережа

bytes
байти

application
застосунок

server
сервер

processor
процесор

hardware
обладнання

port
порт

power cable (UK)
power cord (US)
кабель живлення

software
програмне забезпечення

RAM
оперативна пам'ять

desktop • робочий стіл

menu bar
рядок меню

font
шрифт

toolbar
панель
інструментів

file
файл

folder
папка

icon
іконка

window
вікно

trash
кошик

internet • інтернет

website
вебсайт

browser
браузер

browse (v)
переглядати (д)

email • електронна пошта

inbox
вхідні

email address
електронна
адреса

---

vocabulary • словник

log on (v) входити (д)	**save (v)** зберігати (д)	**search (v)** шукати (д)	**download (v)** завантажувати (д)	**send (v)** надсилати (д)
service provider постачальник послуг	**online** онлайн	**install (v)** встановлювати (д)	**attachment** вкладення	**receive (v)** одержувати (д)
	cloud storage хмарне сховище	**password** пароль		

media • медіа

television studio • телевізійна студія

set
декорація

presenter (UK)
host (US)
ведучий *m*
ведуча *f*

light
світло

camera
камера

camera crane
операторський кран

camera operator
оператор *m*
операторка *f*

vocabulary • словник

channel канал	**news** новини	**press** преса	**game show** ігрове шоу	**cartoon** мультфільм	**live** наживо
programming програма	**documentary** докуметальний фільм	**television series** телевізійний серіал	**soap (UK)** **soap opera (US)** мильна опера	**broadcast (v)** транслювати (д)	**prerecorded** записаний заздалегідь

interviewer
інтерв'юер *m*
інтерв'юерка *f*

reporter
репортер *m*
репортерка *f*

autocue (UK)
teleprompter (US)
телесуфлер

newsreader (UK)
anchor (US)
ведучий новин *m*
ведуча новин *f*

actors
актори

sound boom
мікрофон «гармата»

clapperboard (UK)
clapper board (US)
хлопавка

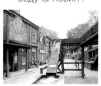

film set (UK)
movie set (US)
декорації та реквізит
для фільму

radio • радіо

sound technician
звукорежисер *m*
звукорежисерка *f*

mixing desk
мікшерний
пульт

microphone
мікрофон

recording studio | студія звукозапису

law • закон

court officer (UK)
bailiff (US)
службовець суду *m*
службовиця суду *f*

witness
свідок *m* / свідка *f*

judge
суддя *m* / суддя *f*

lawyer
юрист *m*
юристка *f*

jury
присяжні

jury box
лава
присяжних

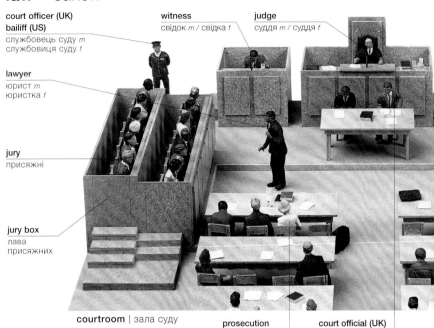

courtroom | зала суду

prosecution
обвинувачення

court official (UK)
court clerk (US)
працівник суду *m*
працівниця суду *f*

vocabulary • словник

legal advice юридична консультація	**summons** судова повістка	**writ** судовий наказ	**court case** судова справа
statement заява	**warrant** ордер	**charge** обвинувачення	**court date** дата суду
lawyer's office адвокатське бюрот	**client** клієнт *m* клієнтка *f*	**plea** захисна промова	**accused** підсудний *m* підсудна *f*

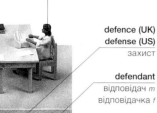

stenographer
стенографіст *m*
стенографістка *f*

defence (UK)
defense (US)
захист

defendant
відповідач *m*
відповідачка *f*

suspect
підозрюваний *m*
підозрювана *f*

criminal
злочинець *m*
злочинниця *f*

photofit (UK)
composite sketch (US)
фоторобот

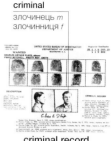

criminal record
судимість

prison guard
тюремний наглядач *m*
тюремна наглядачка *f*

cell
тюремна камера

prison
в'язниця

vocabulary • словник

guilty	**acquitted**	**innocent**
винний *m*	виправданий *m*	невинний *m*
винна *f*	виправдана *f*	невинна *f*
evidence	**bail**	**appeal**
доказ	застава	апеляція
verdict	**sentence**	**parole**
вердикт	вирок	умовно-дострокове звільнення

I want to see a lawyer.
Я хочу побачитися з адвокатом.

Where is the courthouse?
Де розташований суд?

Can I post bail?
Чи можу я внести заставу?

farm (1) • ферма

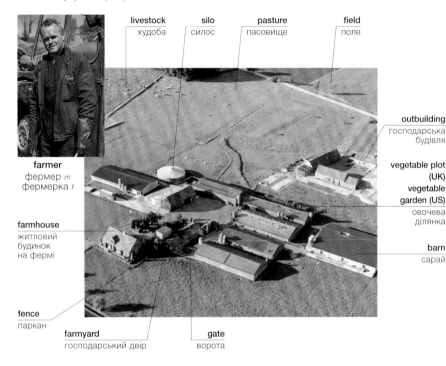

livestock
худоба

silo
силос

pasture
пасовище

field
поле

outbuilding
господарська
будівля

vegetable plot
(UK)
vegetable
garden (US)
овочева
ділянка

farmer
фермер *m*
фермерка *f*

farmhouse
житловий
будинок
на фермі

barn
сарай

fence
паркан

farmyard
господарський двір

gate
ворота

tractor | трактор

combine harvester (UK) / combine (US)
комбайн

english • українська

types of farm (UK) / types of farms (US) • види ферм

crop
урожай

arable farm (UK)
crop farm (US)
орне господарство

dairy farm
молочна ферма

flock
отара

sheep farm
овеча ферма

poultry farm
птахоферма

pig farm
свиноферма

fish farm
рибне господарство

fruit farm
фруктовий сад

vine
лоза

vineyard
виноградник

actions • діяльності

furrow
борозна

plough (v) (UK)
plow (v) (US)
орати (д)

sow (v)
сіяти (д)

milk (v)
доїти (д)

feed (v)
годувати (д)

water (v) | поливати (д)

harvest (v)
збирати врожай (д)

vocabulary • словник		
herbicide гербіцид	**herd** стадо	**hedge** живопліт
pesticide пестицид	**trough** корито	**plant (v)** саджати (д)

farm (2) • ферма

crops • сільськогосподарські культури

wheat
пшениця

corn
кукурудза

barley
ячмінь

rapeseed
ріпак

sunflower
соняшник

bale
тюк

hay
сіно

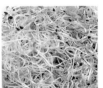
alfalfa
люцерна

tobacco
тютюн

rice
рис

tea
чай

coffee
кава

flax
льон

sugarcane
цукрова тростина

cotton
бавовна

scarecrow
опудало

livestock • худоба і птиця

piglet
порося

pig
свиня

calf
теля

cow
корова

bull
бик

sheep
вівця

kid
козеня

lamb
ягня

goat
коза

foal
лоша

horse
кінь

donkey
осел

chick
курча

chicken
курка

cockerel (UK) / rooster (US)
молодий півень

turkey
індик

duckling
каченя

duck
качка

stable
конюшня

pen
загін

chicken coop
курник

pigsty
свинарник

construction
будівництво

wall
стіна

rafter
кроква

scaffolding
риштування

pallet
піддон

beam
брус

building site (UK) / construction site (US)
будівельний майданчик

window
вікно

ladder
драбина

girder
балка

hard hat
каска

toolbelt
пояс для
інструменту

build (v)
будувати (д)

builder (UK)
construction worker (US)
будівельник *m* / будівельниця *f*

cement
цемент

cement mixer
бетонозмішувач

materials • матеріали

brick
цегла

timber (UK) / lumber (US)
деревина

roof tile
черепиця

breeze block (UK)
cinder block (US)
шлакоблок

tools • інструменти

mortar
розчин

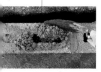

trowel
кельма

spirit level (UK)
level (US)
рівень будівельний

handle
держак

sledgehammer
кувалда

pickaxe (UK)
pickax (US)
кирка

shovel
лопата

machinery • техніка

roadroller (UK)
road roller (US)
коток

dumper truck (UK)
dump truck (US)
самоскид

support
опора

hook
гак

crane | підйомний кран

roadworks (UK) / roadwork (US)
дорожні роботи

tarmac (UK)
asphalt (US)
асфальт

cone
дорожній
конус

pneumatic drill (UK)
jackhammer (US)
відбійний
молоток

resurfacing
відновлення
поверхні

mechanical digger (UK)
excavator (US)
механічна лопата

occupations (1) • професії

carpenter
столяр *m*
столярка *f*

electrician
електротехнік *m*
електрикиня *f*

plumber
сантехнік *m*
сантехнікиня *f*

builder (UK)
construction worker (U
будівельник *m*
будівельниця *f*

mechanic
механік *m*
механікиня *f*

butcher
м'ясник *m*
жінка-м'ясник *f*

fisherman / fisherwoman
рибалка *m*
рибалка *f*

florist
флорист *m*
флористка *f*

jeweller (UK)
jeweler (US)
ювелір *m* / ювелірка *f*

gardener
садівник *m*
садівниця *f*

hairdresser
перукар *m*
перукарка *f*

barber
барбер *m*
барберка *f*

shop assistant (UK)
salesperson (US)
продавець-консультант *m*
продавчиня-консультант *f*

driving instructor
інструктор з водіння *m*
інструкторка з водіння *f*

vacuum
cleaner
пилосмок

cleaner
прибиральник *m*
прибиральниця *f*

surveyor
геодезист *m*
геодезистка *f*

pharmacist
фармацевт *m*
фармацевтка *f*

optician (UK)
optometrist (US)
лікар-оптометрист *m*
лікарка-оптометрист *f*

mask
маска

dentist
стоматолог *m*
стоматологиня *f*

doctor
лікар *m*
лікарка *f*

nurse
медбрат *m*
медсестра *f*

vet (UK) / veterinarian (US)
ветеринар *m*
ветеринарка *f*

physiotherapist (UK)
physical therapist (US)
фізіотерапевт *m*
фізіотерапевтка *f*

firefighter
пожежник *m*
пожежниця *f*

soldier
солдат *m*
солдатка *f*

uniform
уніформа

police officer
поліцейський *m*
поліцейська *f*

dentity
adge
JK)
adge
JS)
кетон

security guard
охоронець *m*
охоронниця *f*

sailor
моряк *m*
морячка *f*

---

vocabulary • СЛОВНИК

marketing executive
директор з маркетингу *m*
директорка з маркетингу *f*

personal assistant (PA)
особистий помічник *m*
особиста помічниця *f*

interpreter
усний перекладач *m*
усна перекладачка *f*

entrepreneur
підприємець *m*
підприємиця *f*

web designer
вебдизайнер *m*
вебдизайнерка *f*

public relations
(PR) executive
PR-менеджер *m*
PR-менеджерка *f*

app developer
розробник
застосунків *m*
розробниця
застосунків *f*

occupations (2) • професії

lawyer
юрист *m*
юристка *f*

accountant
бухгалтер *m*
бухгалтерка *f*

model
модель

architect
архітектор *m*
архітекторка *f*

data analyst
аналітик даних *m*
аналітикиня даних *f*

scientist
науковець *m*
науковиця *f*

teacher
вчитель *m*
вчителька *f*

estate agent (UK)
real estate agent (US)
агент з нерухомості *m*
агентка з нерухомості *f*

receptionist
адміністратор *m*
адміністраторка *f*

mailbag
поштова
сумка

postman / postwoman (UK)
mail carrier (US)
поштар *m* / поштарка *f*

bus driver
водій автобуса *m*
водійка автобуса *f*

lorry driver (UK)
truck driver (US)
водій вантажівки *m*
водійка вантажівки *f*

taxi driver
таксист *m*
таксистка *f*

pilot
пілот *m*
пілотеса *f*

flight attendant
стюард *m*
стюардеса *f*

travel agent
турагент *m*
турагентка *f*

chef's hat
кухарський
ковпак

chef
шеф-кухар *m*
шеф-кухарка *f*

tutu
пачка

musician
музикант *m*
музикантка *f*

dancer
танцівник *m*
танцівниця *f*

actor
актор *m*
актриса *f*

singer
співак *m*
співачка *f*

**waiter / waitress (UK)
server (US)**
офіціант *m* / офіціантка *f*

bartender
бармен *m*
барменка *f*

personal trainer
персональний тренер *m*
персональна тренерка *f*

sculptor
скульптор *m*
скульпторка *f*

notes
нотатки

painter
художник *m*
художниця *f*

photographer
фотограф *m*
фотографиня *f*

**newsreader (UK)
anchor (US)**
диктор *m* / дикторка *f*

journalist
журналіст *m*
журналістка *f*

editor
редактор *m*
редакторка *f*

designer
дизайнер *m*
дизайнерка *f*

dressmaker
швець *m*
швачка *f*

tailor
кравець *m*
кравчиня *f*

transport (UK)
transportation (US)
транспорт

roads • дороги

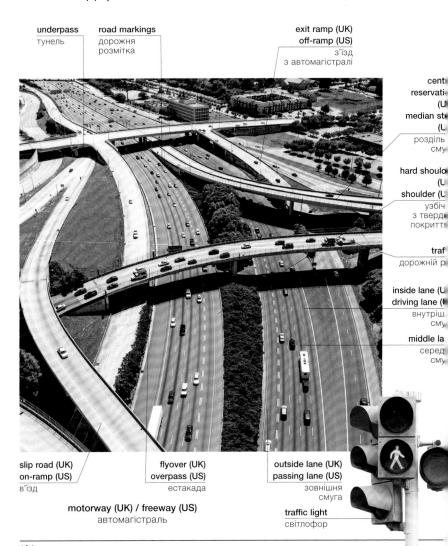

underpass
тунель

road markings
дорожня
розмітка

exit ramp (UK)
off-ramp (US)
з'їзд
з автомагістралі

cent
reservati
(U
median st
(U
розділ
сму

**hard shoulo
(U
shoulder (U**
узбіч
з тверд
покритт

traf
дорожній р

**inside lane (U
driving lane (**
внутріш
сму

middle la
серед
сму

slip road (UK)
on-ramp (US)
в'їзд

flyover (UK)
overpass (US)
естакада

outside lane (UK)
passing lane (US)
зовнішня
смуга

motorway (UK) / freeway (US)
автомагістраль

traffic light
світлофор

pedestrian crossing (UK)
crosswalk (US)
пішохідний перехід

lorry (UK)
truck (US)
вантажівка

junction (UK)
interchange (US)
перехрестя

emergency phone
телефон екстреної
допомоги

disabled parking
паркувальне
місце для людей
з інвалідністю

traffic jam
дорожній затор

parking meter
паркомат

**traffic police
officer**
інспектор ДАІ *m*
інспекторка ДАІ *f*

vocabulary • словник

diversion (UK) **detour (US)** об'їзд	**overtake (v) (UK)** **pass (v) (US)** обганяти (д)	**roundabout** кільцева розв'язка
crash barrier (UK) **guardrail (US)** дорожня огорожа	**reverse (v)** здавати назад (д)	**one-way street** вулиця з одностороннім рухом
roadworks (UK) **roadwork (US)** дорожні роботи	**tow away (v)** відбуксирувати (д) **park (v)** паркуватися (д)	**dual carriageway (UK)** **divided highway (US)** подвійна проїзна частина
toll booth (UK) **tollbooth (US)** пункт оплати проїзду	**drive (v)** їхати (д)	**Is this the road to... ?** Це дорога до... ? **Where can I park?** Де я можу припаркуватися?

road signs • дорожні знаки

no entry (UK)
do not enter (US)
в'їзд
заборонено

speed limit
обмеження
швидкості

hazard
Небезпечне
узбіччя

no stopping
зупинку
заборонено

no right turn
поворот праворуч
заборонено

bus • автобус

driver's seat
водійське
сидіння

handrail
поручень

rear wheel
заднє колесо

window
вікно

front wheel
переднє колесо

luggage hold
багажне
відділення

door | двері

coach (UK) / long-distance bus (US)
міжміський автобус

types of buses • види автобусів

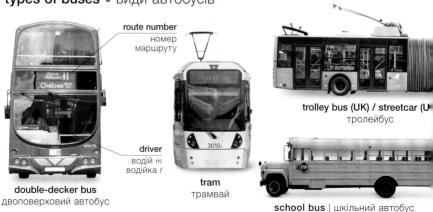

route number
номер
маршруту

driver
водій *m*
водійка *f*

trolley bus (UK) / streetcar (U
тролейбус

double-decker bus
двоповерховий автобус

tram
трамвай

school bus | шкільний автобус

automatic door
автоматичні двері

stop button
кнопка зупинки

bus ticket
автобусний квиток

bell
дзвінок

bus station
автовокзал

bus stop
автобусна зупинка

vocabulary • словник

fare
вартість проїзду

wheelchair access
доступ для інвалідних візків

timetable (UK)
schedule (US)
розклад

bus shelter
крита автобусна зупинка

Do you stop at… ?
Ви зупиняєтеся на… ?

Which bus goes to… ?
Який автобус їде до… ?

minibus
мікроавтобус

shuttle bus | маршрутний автобус

tourist bus (UK) / tour bus (US) | туристичний автобус

car (1) • автомобіль

exterior • екстер'єр

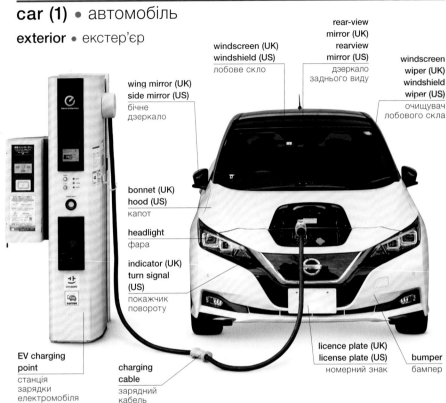

rear-view mirror (UK)
rearview mirror (US)
дзеркало заднього виду

windscreen (UK)
windshield (US)
лобове скло

windscreen wiper (UK)
windshield wiper (US)
очищувач лобового скла

wing mirror (UK)
side mirror (US)
бічне дзеркало

bonnet (UK)
hood (US)
капот

headlight
фара

indicator (UK)
turn signal (US)
покажчик повороту

EV charging point
станція зарядки електромобіля

charging cable
зарядний кабель

licence plate (UK)
license plate (US)
номерний знак

bumper
бампер

luggage
багаж

roofrack
даховий багажник

boot (UK) / trunk (US)
багажник

seat belt
пасок безпеки

child seat (UK)
car seat (US)
дитяче крісло

types • види

electric car
електромобіль

door
двері

hatchback
гетчбек

saloon (UK)
sedan (US)
седан

wheel
колесо

estate (UK)
station wagon (US)
універсал

convertible
кабріолет

sports car
спортивна автівка

people carrier (UK)
minivan (US)
мінівен

four-wheel drive
автомобіль з повним
приводом

vintage
вінтажний

tyre (UK)
tire (US)
шина

limousine
лімузин

petrol (UK) / gas (US) station
автозаправна станція

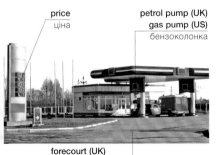

price
ціна

petrol pump (UK)
gas pump (US)
бензоколонка

forecourt (UK)
entryway (US)
термінал заправки

vocabulary • словник

garage	**oil**	**unleaded**
гараж	мастило	неетилований
car wash	**diesel**	**leaded**
автомийка	дизель	етилований
screen	**petrol (UK)**	**antifreeze**
wash (UK)	**gasoline (US)**	антифриз
windshield	бензин	
washer		
fluid (US)		
скломивач		

Fill the tank, please. (UK)
Fill it up, please. (US)
Наповніть бак, будь ласка.

car (2) • автомобіль

interior • інтер'єр

back seat (UK)
backseat (US)
заднє сидіння

armrest
підлокітник

headrest
підголівник

door lock
блокування
дверей

handle
ручка

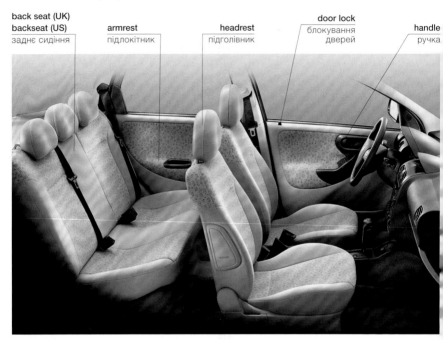

---

vocabulary • словник

two-door дводверний	**four-door** чотиридверний	**manual** механіка	**brake** гальма	**accelerator** акселератор
three-door (UK) **hatchback (US)** тридверний	**air conditioning (UK)** **air-conditioning (US)** кондиціонер	**automatic** автомат	**clutch** зчеплення	**ignition** запалювання

Can you tell me the way to… ?
Чи можете підказати мені
шлях до… ?

Where is the car park? (UK)
Where is the parking lot? (US)
Де розташована автостоянка?

Can I park here?
Чи можна тут
припаркуватися?

---

english • українська

controls • керування

steering wheel
кермо

horn
клаксон

dashboard
панель приладів

satnav (UK)
GPS (US)
супутниковий
навігатор

hazard lights
аварійна
світлова
сигналізація

left-hand drive | лівобічне кермо

car stereo
автомобільна
стереосистема

rev counter (UK)
tachometer (US)
тахометр

speedometer
спідометр

fuel gauge
датчик
рівня
палива

temperature gauge
датчик рівня
палива

lights switch
light switch
перемикач
світла фар

heater controls
керування
обігрівачем

odometer
одометр

gearstick (UK)
gearshift (US)
зажіль
перемикання передач

air bag
подушка
безпеки

right-hand drive | правобічне кермо

car (3) • автомобіль

mechanics • механіка

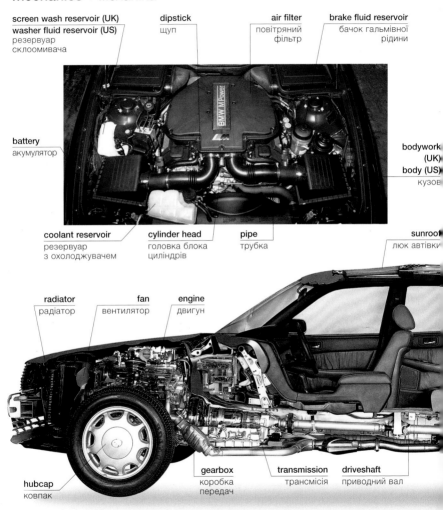

screen wash reservoir (UK)
washer fluid reservoir (US)
резервуар
склоомивача

dipstick
щуп

air filter
повітряний
фільтр

brake fluid reservoir
бачок гальмівної
рідини

battery
акумулятор

bodywork
(UK)
body (US)
кузов

coolant reservoir
резервуар
з охолоджувачем

cylinder head
головка блока
циліндрів

pipe
трубка

sunroof
люк автівки

radiator
радіатор

fan
вентилятор

engine
двигун

hubcap
ковпак

gearbox
коробка
передач

transmission
трансмісія

driveshaft
приводний вал

puncture (UK) / flat tire (US) • прокол шини

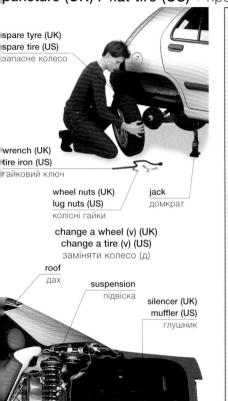

spare tyre (UK)
spare tire (US)
запасне колесо

wrench (UK)
tire iron (US)
гайковий ключ

wheel nuts (UK)
lug nuts (US)
колісні гайки

jack
домкрат

change a wheel (v) (UK)
change a tire (v) (US)
заміняти колесо (д)

roof
дах

suspension
підвіска

silencer (UK)
muffler (US)
глушник

exhaust pipe
вихлопна труба

vocabulary • словник

car accident ДТП	**fuse box** блок запобіжників
breakdown поломка машини	**spark plug** свічка запалювання
insurance страхування	**fan belt** ремінь вентилятора
tow truck евакуатор	**chassis** ходова частина
mechanic механік *m* механікиня *f*	**timing** випередження запалювання
tyre pressure (UK) **tire pressure (US)** тиск в шинах	**alternator** генератор змінного струму
petrol tank (UK) **gas tank (US)** бензобак	**I've broken down. (UK)** **My car has broken down. (US)** Моя машина зламалася.
distributor переривник- розподільник	
turbocharger турбокомпресор	**My car won't start.** Моя машина не заводиться.
handbrake (UK) **parking brake (US)** ручне гальмо	**Do you do repairs?** Ви ремонтуєте автомобілі?
cam belt (UK) **timing belt (US)** ремінь газорозподільного механізму	**The engine is overheating.** Двигун перегрівається.

motorbike (UK) / motorcycle (US) • МОТОЦИКЛ

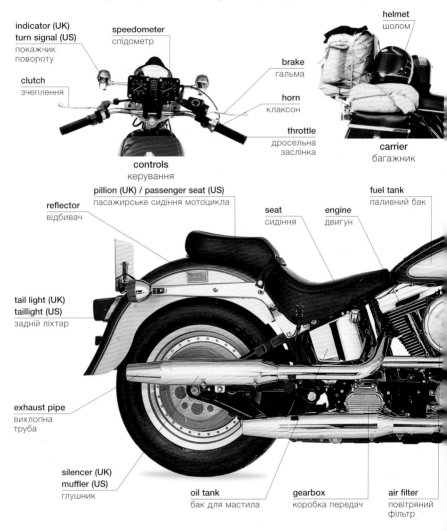

indicator (UK)
turn signal (US)
покажчик
повороту

speedometer
спідометр

helmet
шолом

brake
гальма

clutch
зчеплення

horn
клаксон

throttle
дросельна
заслінка

controls
керування

carrier
багажник

pillion (UK) / passenger seat (US)
пасажирське сидіння мотоцикла

reflector
відбивач

seat
сидіння

engine
двигун

fuel tank
паливний бак

tail light (UK)
taillight (US)
задній ліхтар

exhaust pipe
вихлопна
труба

silencer (UK)
muffler (US)
глушник

oil tank
бак для мастила

gearbox
коробка передач

air filter
повітряний
фільтр

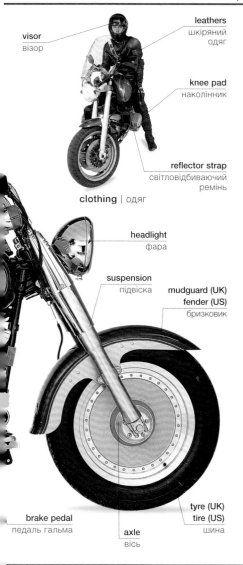

visor
візор

leathers
шкіряний
одяг

knee pad
наколінник

reflector strap
світловідбиваючий
ремінь

clothing | одяг

headlight
фара

suspension
підвіска

mudguard (UK)
fender (US)
бризковик

brake pedal
педаль гальма

axle
вісь

tyre (UK)
tire (US)
шина

types • ВИДИ

racing bike | гоночний мотоцикл

windshield
лобове скло

tourer | туристичний мотоцикл

dirt bike | гірський мотоцикл

stand
підніжка

scooter | скутер

bicycle • велосипед

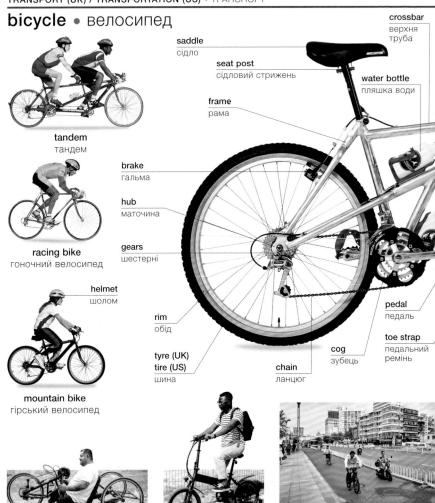

tandem
тандем

racing bike
гоночний велосипед

helmet
шолом

mountain bike
гірський велосипед

crossbar
верхня труба

saddle
сідло

seat post
сідловий стрижень

water bottle
пляшка води

frame
рама

brake
гальма

hub
маточина

gears
шестерні

rim
обід

tyre (UK)
tire (US)
шина

gears
шестерні

chain
ланцюг

cog
зубець

pedal
педаль

toe strap
педальний ремінь

paracycle
парацикл

folding bike
складний велосипед

cycle lane (UK) / bike lane (US)
велосипедна доріжка

handlebar
кермо

gear lever
важіль перемикання
передач

brake lever
гальмівний
важіль

tyre lever (UK)
tire lever (US)
бортувальна
лопатка

patch
латка

repair kit | ремонтний комплект

fork
вилка

spoke
спиця

pump
насос

key
ключ

lock
замок

wheel
колесо

valve
клапан

tread
протектор

inner tube
камера колеса

child seat
дитяче крісло

---

vocabulary • словник

reflector відбивач	**basket** кошик	**toe clip** тукліпс	**kickstand** підставка	**sprocket** зірочка
rear light задній ліхтар	**dynamo** динамо-машина	**pedal (v)** крутити педалі (д)	**cable** кабель	**bike rack** велопарковка
electric bike електровелосипед	**brake (v)** гальмувати (д)	**brake block** гальмова колодка	**cycle (v)** їхати на велосипеді (д)	**stabilizers (UK)** **training** **wheels (US)** стабілізатори
lamp (UK) **headlight (US)** фара	**puncture (UK)** **flat tire (US)** прокол шини	**change gear (v) (UK)** **change gears (v) (US)** змінити передачу (д)		

train • ПОТЯГ

platform number
номер платформи

platform
перон

carriage (UK)
railcar (US)
пасажирсь-кий вагон

track
колія

commuter
пасажир приміського транспорту *m*
пасажирка приміського транспорту *f*

train station | залізнична станція

types of trains • ВИДИ ПОТЯГІВ

steam train
паровоз

engine
двигун

driver's cab (UK)
engineer's cab (US)
кабіна машиніста

rail
рейка

diesel train | дизель-потяг

electric train
електричка

high-speed train
швидкісний потяг

monorail
монорейка

underground train (UK)
subway (US)
підземний потяг

tram
трамвай

freight train
вантажний потяг

luggage rack
полиця для багажу

window
вікно

door
двері

compartment
купе потяга

ticket barrier (UK) / ticket gates (US)
квитковий турнікет

seat
сидіння

timetable (UK)
schedule (US)
розклад

ticket
квиток

public address system
система оповіщення

dining car | вагон-ресторан

concourse | вокзальна зала

sleeping compartment
купе з місцями для сну

---

vocabulary • словник

rail network (UK) **railroad network (US)** залізнична мережа	**underground map (UK)** **subway map (US)** карта метро	**ticket inspector** контролер квитків *m* контролерка квитків *f*	**change (v) (UK)** **transfer (v) (US)** пересідати (д)
intercity train (UK) **express train (US)** міжміський поїзд	**delay** затримка	**ticket office** каса	**live rail** контактна рейка
rush hour година пік	**signal** сигнал	**fare** вартість проїзду	**emergency lever** аварійний важіль

aircraft • літак

airliner • авіалайнер

nose ніс	**cockpit** кабіна	**engine** двигун	**fuselage** фюзеляж	**wing** крило	**fin** кіль	

rudder
кермо
напрямку

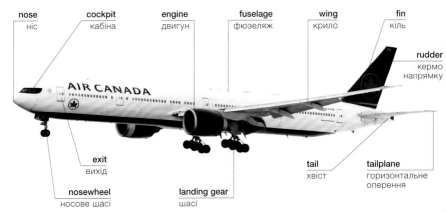

exit вихід

nosewheel носове шасі

landing gear шасі

tail хвіст

tailplane горизонтальне оперення

cabin • салон

flight attendant
стюард *m*
стюардеса *f*

overhead locker (UK)
overhead bin (US)
багажна полиця

air vent
вентиляційний
отвір

reading light
індивідуальне
освітлення

window
вікно

row
ряд

tray table
відкидний
столик

seat
сидіння

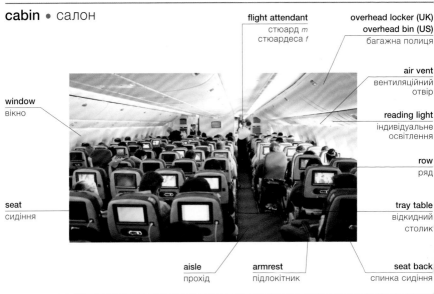

aisle
прохід

armrest
підлокітник

seat back
спинка сидіння

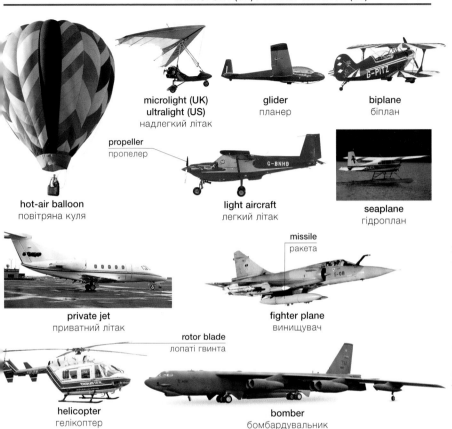

microlight (UK)
ultralight (US)
надлегкий літак

glider
планер

biplane
біплан

propeller
пропелер

hot-air balloon
повітряна куля

light aircraft
легкий літак

seaplane
гідроплан

missile
ракета

private jet
приватний літак

fighter plane
винищувач

rotor blade
лопаті гвинта

helicopter
гелікоптер

bomber
бомбардувальник

---

vocabulary • словник

pilot пілот *m* пілотеса *f*	take off (v) злітати (д)	land (v) приземлятися (д)	economy class економклас	seat belt пасок безпеки
co-pilot (UK) **copilot (US)** другий пілот *m* друга пілотеса *f*	fly (v) летіти (д)	altitude висота	business class бізнес-клас	hand luggage (UK) carry-on luggage (US) ручна поклажа

airport • аеропорт

apron
перон

baggage trailer
багажний причіп

jetway
телетрап

service vehicle
службовий транспорт

airliner | авіалайнер

---

vocabulary • словник

runway
злітно-посадкова смуга

international flight
міжнародний рейс

domestic flight
внутрішній рейс

connection
пересадка

flight number
номер рейсу

customs
митний збір

excess baggage
надлишок багажу

carousel (UK)
baggage carousel (US)
карусель

immigration
імміграційний контроль

security
контроль безпеки

x-ray machine
рентгенівський апарат

holiday brochure (UK)
travel brochure (US)
туристична брошура

holiday (UK)
vacation (US)
відпустка

book a flight (v)
забронювати рейс (д)

check in (v)
реєструватися (д)

terminal
термінал

baggage drop
здача багажу

control tower
диспетчерська вежа

---

english • українська

hand luggage (UK)
carry-on luggage (US)
ручна поклажа

trolley (UK)
cart (US)
візок

luggage
багаж

visa
віза

passport | паспорт

check-in desk
стійка реєстрації

passport control
паспортний контроль

boarding pass
посадковий талон

gate number
номер виходу

departures
вильоти

arrivals
прильоти

destination
напрямок

departure lounge
зала відпочинку

information screen
інформаційний екран

eGate
eGate

duty-free shop
магазин безмитної торгівлі

baggage reclaim (UK)
baggage claim (US)
отримання багажу

taxi rank (UK)
taxi stand (US)
стоянка таксі

car hire (UK)
car rental (US)
прокат автомобілів

ship • корабель

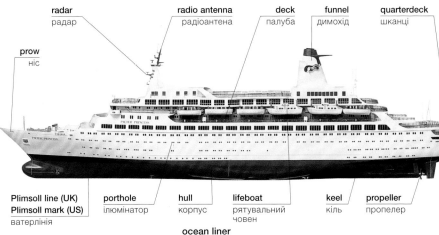

radar
радар

radio antenna
радіоантена

deck
палуба

funnel
димохід

quarterdeck
шканці

prow
ніс

Plimsoll line (UK)
Plimsoll mark (US)
ватерлінія

porthole
ілюмінатор

hull
корпус

lifeboat
рятувальний
човен

keel
кіль

propeller
пропелер

ocean liner
океанський лайнер

bridge
місток

engine room
машинне відділення

cabin
каюта

galley
камбуз

vocabulary • словник

dock док	**windlass** брашпиль
port порт	**anchor** якір
gangway трап	**speedboat** швидкісний катер
bollard причальна тумба	**canoe** каное
captain капітан *m* капітанка *f*	**rowing boat (UK)** **rowboat (US)** весловий човен

other boats • інші кораблі

ferry
пором

outboard motor
підвісний
мотор

inflatable dinghy
надувний човен

hydrofoil
судно на підводних
крилах

yacht
яхта

catamaran
катер катамаран

tug boat (UK)
tugboat (US)
буксир

hovercraft
судно на повітряній
подушці

container ship
контейнеровоз

sail
вітрило

sailing boat (UK)
sailboat (US)
вітрильник

hold
трюм

freighter
вантажне судно

oil tanker
нафтовий танкер

aircraft carrier
авіаносець

battleship
лінкор

conning tower
бойова рубка

submarine
підводний човен

port • порт

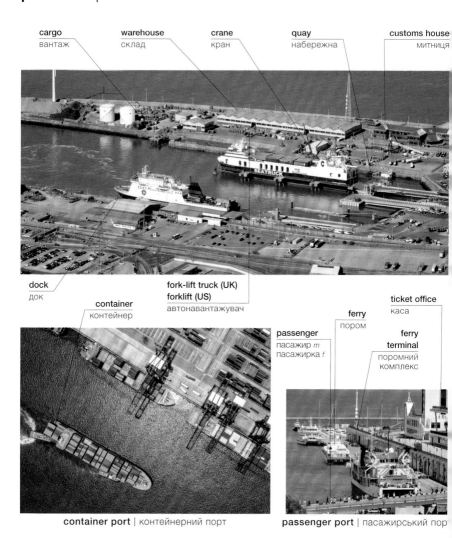

cargo
вантаж

warehouse
склад

crane
кран

quay
набережна

customs house
митниця

dock
док

container
контейнер

fork-lift truck (UK)
forklift (US)
автонавантажувач

ferry
пором

passenger
пасажир *m*
пасажирка *f*

ticket office
каса

ferry
terminal
поромний
комплекс

container port | контейнерний порт

passenger port | пасажирський порт

net
сітка

fishing boat
рибальський човен

mooring
швартування

fishing port
рибальський порт

marina
стоянка яхт

harbour (UK) / harbor (US)
гавань

pier
пірс

jetty
пристань

shipyard
верф

lamp
лампа

lighthouse
маяк

buoy
буй

---

vocabulary • словник

coastguard (UK)
coast guard (US)
береговий охоронник *m*
берегова охоронниця *f*

harbour master (UK)
harbor master (US)
капітан порту *m*
капітанка порту *f*

dry dock
сухий док

drop
anchor (v)
кинути
якір (д)

moor (v)
причалити (д)

dock (v)
ставати
в док (д)

board (v)
сідати
на корабель

set sail (v)
відпливати (д)

disembark (v)
висаджуватися
з корабля

sports
спорт

American football (UK) / football (US)
американський футбол

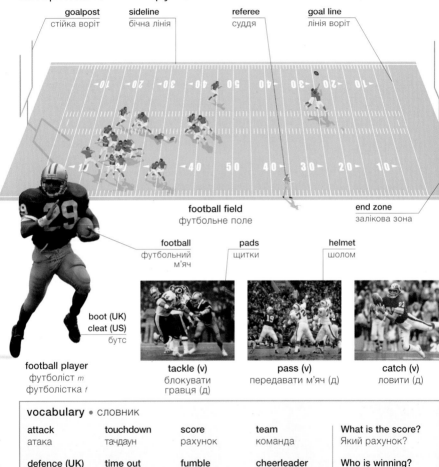

goalpost
стійка воріт

sideline
бічна лінія

referee
суддя

goal line
лінія воріт

football field
футбольне поле

end zone
залікова зона

football
футбольний
м'яч

pads
щитки

helmet
шолом

boot (UK)
cleat (US)
бутс

football player
футболіст *m*
футболістка *f*

tackle (v)
блокувати
гравця (д)

pass (v)
передавати м'яч (д)

catch (v)
ловити (д)

---

vocabulary • словник

attack атака	**touchdown** тачдаун	**score** рахунок	**team** команда	**What is the score?** Який рахунок?
defence (UK) **defense (US)** захист	**time out** тайм-аут	**fumble** фамбл	**cheerleader** чирлідер *m* чирлідерка *f*	**Who is winning?** Хто перемагає?

---

rugby • регбі

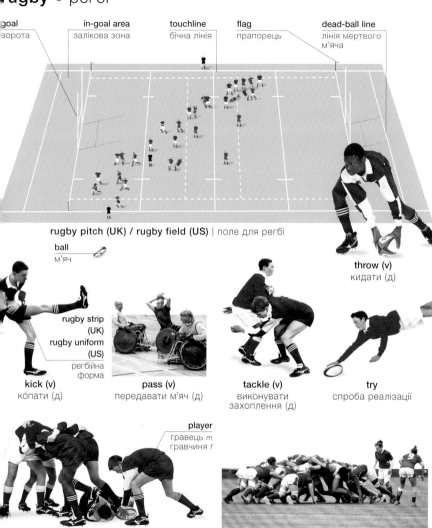

goal
ворота

in-goal area
залікова зона

touchline
бічна лінія

flag
прапорець

dead-ball line
лінія мертвого
м'яча

rugby pitch (UK) / rugby field (US) | поле для регбі

ball
м'яч

throw (v)
кидати (д)

rugby strip (UK)
rugby uniform (US)
регбійна форма

kick (v)
кóпати (д)

pass (v)
передавати м'яч (д)

tackle (v)
виконувати
захоплення (д)

try
спроба реалізації

player
гравець m
гравчиня f

ruck | рак

scrum | сутичка

football (UK) / soccer (US) • футбол

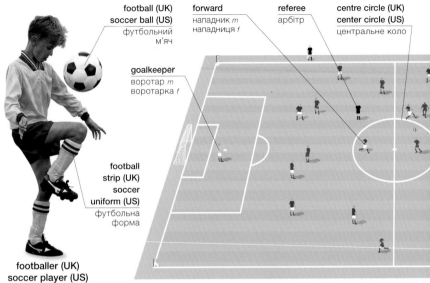

football (UK)
soccer ball (US)
футбольний
м'яч

goalkeeper
воротар *m*
воротарка *f*

forward
нападник *m*
нападниця *f*

referee
арбітр

centre circle (UK)
center circle (US)
центральне коло

football
strip (UK)
soccer
uniform (US)
футбольна
форма

footballer (UK)
soccer player (US)
футболіст *m*
футболістка *f*

football pitch (UK) / soccer field (US) футбольне поле

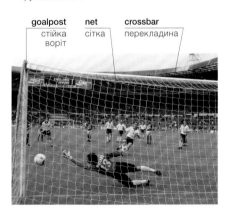

goalpost
стійка
воріт

net
сітка

crossbar
перекладина

goal | ворота

dribble (v)
вести м'яч (д)

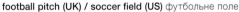

head (v)
бити головою (д)

wall
стінка

free kick | штрафний удар

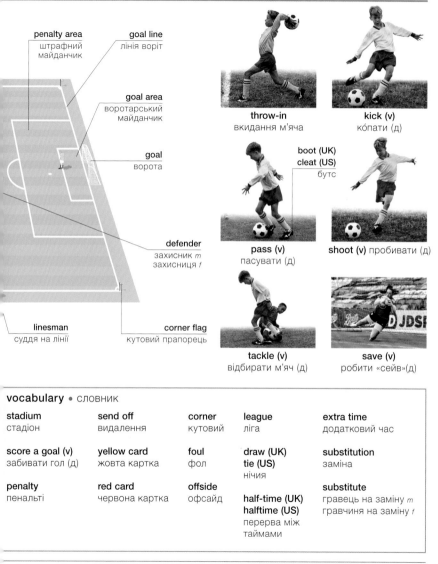

penalty area
штрафний майданчик

goal line
лінія воріт

goal area
воротарський майданчик

goal
ворота

defender
захисник *m*
захисниця *f*

linesman
суддя на лінії

corner flag
кутовий прапорець

throw-in
вкидання м'яча

kick (v)
ко́пати (д)

boot (UK)
cleat (US)
бутс

pass (v)
пасувати (д)

shoot (v) пробивати (д)

tackle (v)
відбирати м'яч (д)

save (v)
робити «сейв»(д)

vocabulary • словник

stadium стадіон	**send off** видалення	**corner** кутовий	**league** ліга	**extra time** додатковий час
score a goal (v) забивати гол (д)	**yellow card** жовта картка	**foul** фол	**draw (UK)** **tie (US)** нічия	**substitution** заміна
penalty пенальті	**red card** червона картка	**offside** офсайд	**half-time (UK)** **halftime (US)** перерва між таймами	**substitute** гравець на заміну *m* гравчиня на заміну *f*

hockey • хокей

ice hockey • хокей

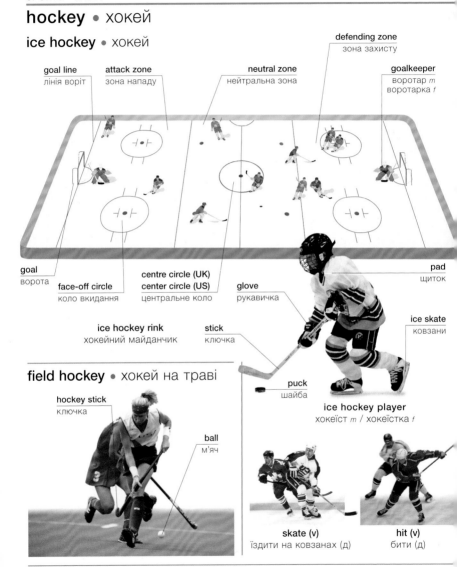

defending zone
зона захисту

goal line
лінія воріт

attack zone
зона нападу

neutral zone
нейтральна зона

goalkeeper
воротар *m*
воротарка *f*

goal
ворота

face-off circle
коло вкидання

centre circle (UK)
center circle (US)
центральне коло

glove
рукавичка

pad
щиток

ice skate
ковзани

ice hockey rink
хокейний майданчик

stick
ключка

puck
шайба

ice hockey player
хокеїст *m* / хокеїстка *f*

field hockey • хокей на траві

hockey stick
ключка

ball
м'яч

skate (v)
їздити на ковзанах (д)

hit (v)
бити (д)

cricket • крикет

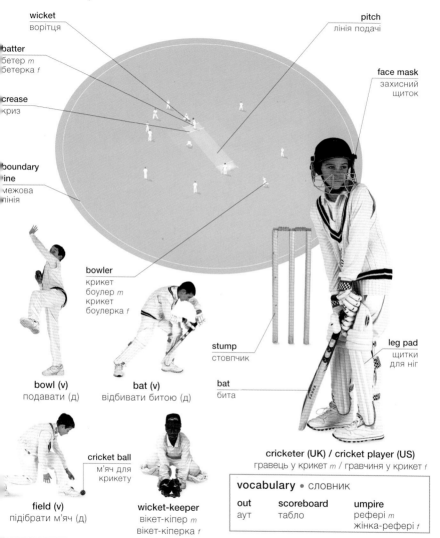

wicket
ворітця

pitch
лінія подачі

batter
бетер *m*
бетерка *f*

face mask
захисний
щиток

crease
криз

**boundary
line**
межова
лінія

bowler
крикет
боулер *m*
крикет
боулерка *f*

stump
стовпчик

leg pad
щитки
для ніг

bowl (v)
подавати (д)

bat (v)
відбивати битою (д)

bat
бита

cricket ball
м'яч для
крикету

field (v)
підібрати м'яч (д)

wicket-keeper
вікет-кіпер *m*
вікет-кіперка *f*

cricketer (UK) / cricket player (US)
гравець у крикет *m* / гравчиня у крикет *f*

vocabulary • словник		
out	**scoreboard**	**umpire**
аут	табло	рефері *m*
		жінка-рефері *f*

basketball • баскетбол

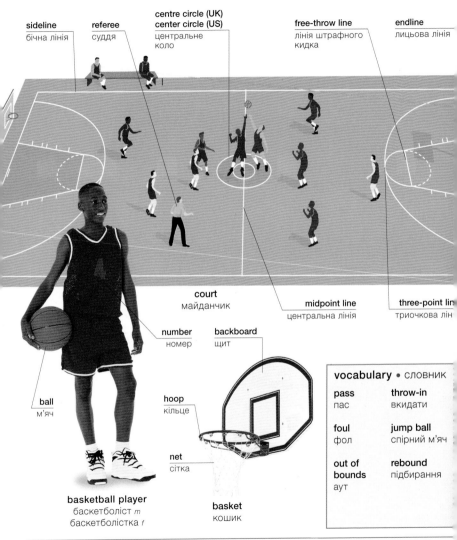

sideline
бічна лінія

referee
суддя

centre circle (UK)
center circle (US)
центральне
коло

free-throw line
лінія штрафного
кидка

endline
лицьова лінія

court
майданчик

midpoint line
центральна лінія

three-point lin
триочкова лін

number
номер

backboard
щит

ball
м'яч

hoop
кільце

net
сітка

basketball player
баскетболіст *m*
баскетболістка *f*

basket
кошик

vocabulary • словник

pass пас	**throw-in** вкидати
foul фол	**jump ball** спірний м'яч
out of bounds аут	**rebound** підбирання

actions • маневри

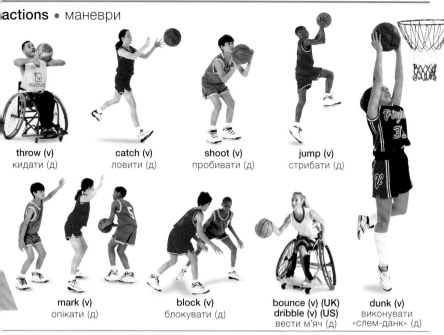

throw (v)
кидати (д)

catch (v)
ловити (д)

shoot (v)
пробивати (д)

jump (v)
стрибати (д)

mark (v)
опікати (д)

block (v)
блокувати (д)

bounce (v) (UK)
dribble (v) (US)
вести м'яч (д)

dunk (v)
виконувати
«слем-данк» (д)

volleyball • волейбол

block (v)
блокувати (д)

net
сітка

dig (v)
приймати
м'яч
знизу (д)

referee
суддя

knee support
наколінник

court | майданчик

baseball • бейсбол

field • поле

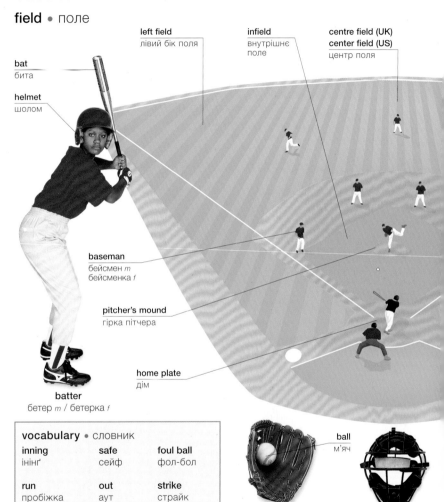

left field
лівий бік поля

infield
внутрішнє
поле

centre field (UK)
center field (US)
центр поля

bat
бита

helmet
шолом

baseman
бейсмен *m*
бейсменка *f*

pitcher's mound
гірка пітчера

home plate
дім

batter
бетер *m* / бетерка *f*

vocabulary • словник		
inning	**safe**	**foul ball**
інінґ	сейф	фол-бол
run	**out**	**strike**
пробіжка	аут	страйк

ball
м'яч

mitt (UK) / glove (US)
рукавиця

mask
маска

outfield
зовнішнє поле

right field
правий бік поля

foul line
штрафна лінія

team
команда

dugout
зона команди

catcher
кетчер *m*
кетчерка *f*

pitcher
пітчер *m*
пітчерка *f*

actions • маневри

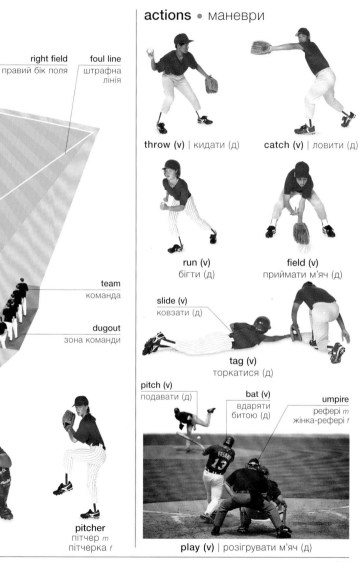

throw (v) | кидати (д)

catch (v) | ловити (д)

run (v)
бігти (д)

field (v)
приймати м'яч (д)

slide (v)
ковзати (д)

tag (v)
торкатися (д)

pitch (v)
подавати (д)

bat (v)
вдаряти битою (д)

umpire
реферí *m*
жінка-реферí *f*

play (v) | розігрувати м'яч (д)

tennis • теніс

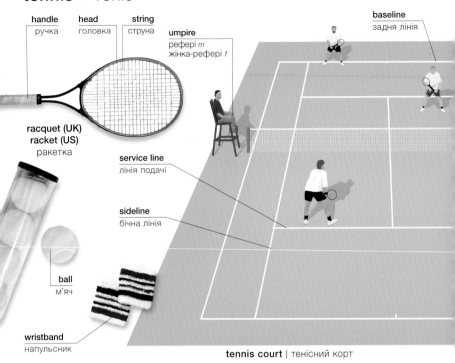

handle
ручка

head
головка

string
струна

umpire
реферí *m*
жінка-реферí *f*

baseline
задня лінія

racquet (UK)
racket (US)
ракетка

service line
лінія подачі

sideline
бічна лінія

ball
м'яч

wristband
напульсник

tennis court | тенісний корт

vocabulary • словник

singles одиночна гра	**set** сет	**deuce** рівно	**fault** помилка	**slice** підрізка	**spin** кручений удар
doubles парна гра	**match** матч	**advantage** перевага	**ace** ейс	**let!** переподача	**championship** чемпіонат
game гейм	**tie-break (UK)** **tiebreaker (US)** тайбрейк	**love** нульовий рахунок	**drop shot** укорочений удар	**rally** розіграш очка	**linesman** суддя на лінії *m* суддя на лінії *f*

strokes • удари

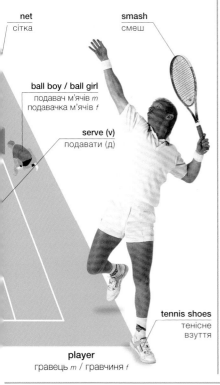

net
сітка

smash
смеш

ball boy / ball girl
подавач м'ячів *m*
подавачка м'ячів *f*

serve (v)
подавати (д)

tennis shoes
тенісне
взуття

player
гравець *m* / гравчиня *f*

service
подача

volley
удар зльоту

return
приймання подачі

lob
свічка

forehand
удар відкритою
ракеткою

backhand
удар закритою
ракеткою

racquet games (UK) / racket games (US) • ракетні види спорту

shuttlecock
волан

bat (UK)
paddle (US)
ракетка

badminton
бадмінтон

table tennis
настільний теніс

squash
сквош

racquetball
ракетбол

golf • гольф

teeing ground
майданчик для ті

hole
лунка

green
грін

bunker
бункер

flag
прапорець

swing (v)
замахуватися (д)

fairway
фервей

rough
раф

water hazard
водна перешкода

golf course
поле для гольфу

buggy (UK)
golf cart (US)
гольфкар

stance
стійка

golfer | гольфіст *m* / гольфістка *f*

clubhouse | клубний будинок

equipment • обладнання

golf ball
м'яч для гольфу

tee
тавка під м'яч (ті)

golf bag
сумка для ключок

spikes
шипи

glove
рукавичка

golf trolley (UK) / bag cart (US)
візок для гольфу

golf shoe
черевики для гольфу

golf clubs
КЛЮЧКИ
ДЛЯ ГОЛЬФУ

wood
«вуд»

putter
«паттер»

iron
«айрон»

wedge
«ведж»

actions • дії

tee off (v)
робити перший
удар (д)

drive (v)
виконувати
«драйв» (д)

putt (v)
виконувати
«патт» (д)

chip (v)
виконувати
«чип» (д)

vocabulary • словник

par пар	**under par** менше за пар	**handicap** гандикап	**caddy** кедді	**backswing** замах назад	**stroke** удар
hole in one лунка з пер- шого удару	**over par** більше за пар	**tournament** турнір	**spectators** глядачі	**practice swing** тренувальні замахи	**line of play** лінія гри

athletics (UK) / track and field (US) • легка атлетика

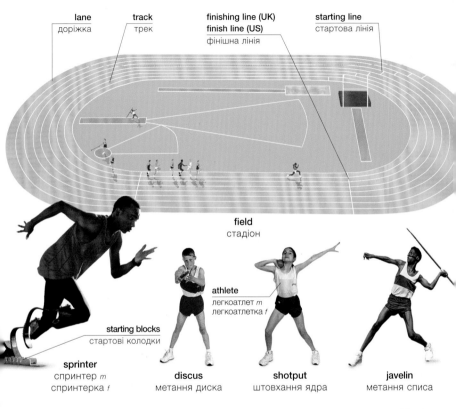

lane
доріжка

track
трек

finishing line (UK)
finish line (US)
фінішна лінія

starting line
стартова лінія

field
стадіон

athlete
легкоатлет *m*
легкоатлетка *f*

starting blocks
стартові колодки

sprinter
спринтер *m*
спринтерка *f*

discus
метання диска

shotput
штовхання ядра

javelin
метання списа

vocabulary • словник

race забіг	**record** рекорд	**photo finish** фотофініш	**personal best** особистий рекорд
time час	**break a record (v)** бити рекорд (д)	**marathon** марафон	**pole vault** стрибок із жердиною

stopwatch
секундомір

baton
естафетна
паличка

relay race
естафета

crossbar
перекладина

high jump
стрибок у висоту

long jump
стрибок у довжину

hurdles
біг з перешкодами

gymnastics • гімнастика

springboard
трамплін

gymnast
гімнаст *m*
гімнастка *f*

horse
кінь

somersault
сальто

beam (UK) / balance beam (US)
колода

ribbon
стрічка

mat
мат

vault
опорний стрибок

floor exercises
вільні вправи

cartwheel
колесо

rhythmic gymnastics
художня гімнастика

---

vocabulary • словник

horizontal bar перекладина	**pommel horse** гімнастичний кінь	**rings** кільця	**medals** медалі	**silver** срібло
parallel bars паралельні бруси	**asymmetric bars** різновисокі бруси	**podium** подіум	**gold** золото	**bronze** бронза

---

combat sports • єдиноборство

guard
захисний шолом

opponent
суперник *m*
суперниця *f*

glove
рукавичка

belt
пояс

taekwondo (UK)
tae kwon do (US)
тхеквондо

karate
карате

judo
дзюдо

mask
маска

sword
меч

aikido
айкідо

kendo
кендо

kung fu
ґунфу

kickboxing
кікбоксинг

wrestling
реслінг (боротьба)

boxing
бокс

actions • рухи

fall
падіння

hold
захват

throw
кидок

pin
туше

kick
удар ногою

punch
удар кулаком

strike
удар

jump
стрибок

block
блок

chop
удар ребром долоні

---

vocabulary • словник

boxing ring боксерський ринг	**round** раунд	**fist** кулак	**tai chi** тай чи	**capoeira** капоейра
mouth guard капа	**bout** бій	**knockout** нокаут	**black belt** чорний пояс	**sumo wrestling** боротьба сумо
boxing gloves боксерські рукавички	**sparring** спаринг	**punch bag (UK)** **punching bag (US)** боксерський мішок	**martial arts** бойові мистецтва	**self-defence (UK)** **self-defense (US)** самооборона

---

swimming • плавання

equipment • спорядження

armband (UK)
water wings (US)
нарукавник

goggles
захисні окуляри

nose clip
затискач для носа

float (UK) / kickboard (US)
дошка для плавання

swimsuit
купальник

lane
доріжка

water
вода

starting block
стартова
тумба

cap (U
swimming ca
(U
шапоч

trunks (U
swimmin
briefs (US
плавк

swimming pool
басейн

springboard (UK)
diving board (US)
трамплін

diver
плавець аквалангіст *m*
плавчиня аквалангіст *f*

swimmer
плавець *m* / плавчиня *f*

dive (v) | пірнати (д)

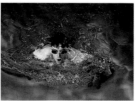

swim (v) | плавати (д)

turn | розворот

styles • стилі плавання

front crawl | кроль

breaststroke | брас

stroke
гребок

kick
рух ногою

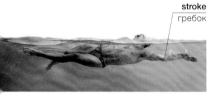

backstroke | на спині

butterfly | батерфляй

scuba diving • підводне плавання

wetsuit
гідрокостюм

flipper (UK)
fin (US)
ласт

weight belt
ваговий
пояс

air cylinder (UK)
air tank (US)
повітряний
циліндр

mask
маска

regulator
регулятор

snorkel
дихальна трубка

vocabulary • словник

dive занурення	**cramp** судома	**water polo** водне поло	**drown (v)** потопати (д)	**shallow end** неглибоке місце	**lockers** шафки
high dive стрибок з трампліна	**racing dive** стартовий стрибок	**synchronized swimming** синхронне плавання	**tread water (v)** стояти у воді (д)	**deep end** глибоке місце	**lifeguard** рятувальник *m* рятувальниця *f*

sailing • вітрильний спорт

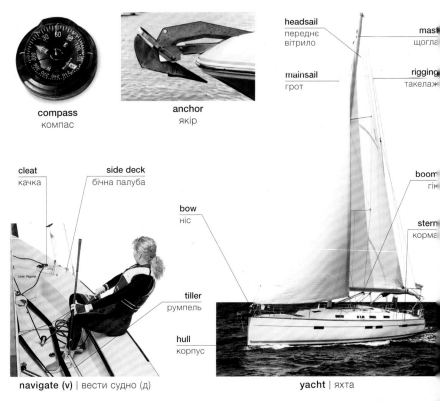

compass
компас

anchor
якір

headsail
переднє
вітрило

mast
щогла

mainsail
грот

rigging
такелаж

cleat
качка

side deck
бічна палуба

bow
ніс

boom
гік

stern
корма

tiller
румпель

hull
корпус

navigate (v) | вести судно (д)

yacht | яхта

safety • безпека

flare
фальшфеєр

lifebuoy (UK)
life buoy (US)
рятувальний круг

life jacket
рятувальний жилет

life raft
рятувальний пліт

watersports • водні види спорту

ower
еслувальник *m*
еслувальниця *f*

oar
весло

row (v) | гребти (д)

kayak
каяк

paddle
весло

kayaking
каякінг

ail
ітрило

surfer
серфер *m*
серферка *f*

ski
лижа

ndsurfer
дсерфер *m*
дсерферка *f*

surfing
серфінг

water-skiing
катання на водних
лижах

speedboating
катання на
швидкісному катері

board
дошка

footstrap
ремінець
для ноги

windsurfing | віндсерфінг

rafting
рафтинг

jet-skiing
катання на
гідроциклі

vocabulary • словник

surfboard дошка для серфінгу	**crew** екіпаж	**wind** вітер	**surf** прибій	**sheet** шкот	**capsize (v)** перекинутися (д)
	tack (v) іти галсом (д)	**wave** хвиля	**rapids** пороги	**rudder** кермо	**centreboard (UK)** **centerboard (US)** шверт

horse riding (UK) / horseback riding (US)
верхова їзда

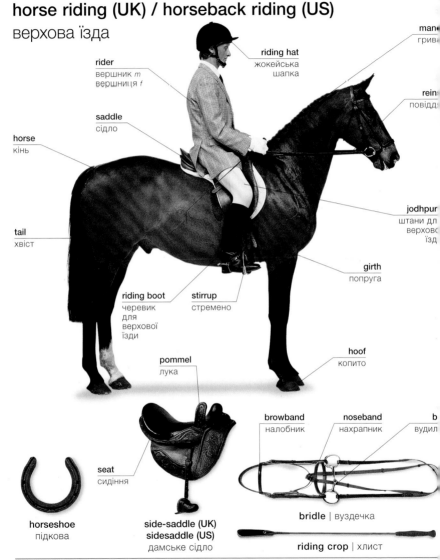

mane
грива

rider
вершник m
вершниця f

riding hat
жокейська
шапка

rein
повідд

saddle
сідло

horse
кінь

jodhpur
штани дл
верхово
їзд

tail
хвіст

girth
попруга

riding boot
черевик
для
верхової
їзди

stirrup
стремено

hoof
копито

pommel
лука

browband
налобник

noseband
нахрапник

b
вудил

seat
сидіння

horseshoe
підкова

side-saddle (UK)
sidesaddle (US)
дамське сідло

bridle | вуздечка

riding crop | хлист

events • змагання

racehorse
скаковий кінь

fence
паркан

horse race
кінні перегони

steeplechase
перегони з перешкодами

harness race
рисисті біги

rodeo
родео

showjumping
конкур

carriage race
запряжні перегони

trekking (UK) / trail riding (US)
кінний туризм

dressage
виїздка

polo
поло

vocabulary • словник

walk ступа	**gallop** галоп	**jump** стрибок	**halter** недоуздок	**paddock** загін	**racecourse** іподром
trot рись	**canter** легкий галоп	**groom** конюх *m* жінка-конюх *f*	**stable** стайня	**arena** арена	**flat race** перегони без перешкод

fishing • рибальство

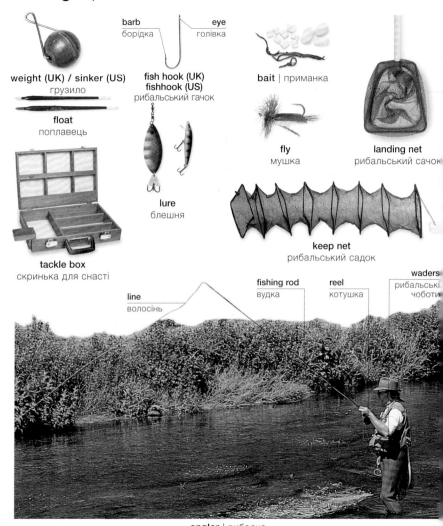

weight (UK) / sinker (US)
грузило

barb
борідка

eye
голівка

fish hook (UK)
fishhook (US)
рибальський гачок

bait | приманка

float
поплавець

fly
мушка

landing net
рибальський сачок

lure
блешня

tackle box
скринька для снасті

keep net
рибальський садок

line
волосінь

fishing rod
вудка

reel
котушка

waders
рибальські
чоботи

angler | рибалка

types of fishing • види риболовлі

freshwater fishing
прісноводна риболовля

fly-fishing
нахлист

surfcasting
морська берегова
риболовля

sportfishing
спортивна риболовля

deep-sea fishing
глибоководна риболовля

activities • дії

cast (v)
закидати (д)

catch (v)
ловити (д)

reel in (v)
намотувати (д)

net (v)
ловити сіткою (д)

release (v)
випускати (д)

---

vocabulary • словник

bait (v)
приманювати (д)

bite (v)
клювати (д)

tackle
снасті

spool
котушка

pole
вудлище

waterproofs (UK)
rain gear (US)
водонепроникний
одяг

marine fishing
морська риболовля

fishing permit (UK)
fishing license (US)
дозвіл
на риболовлю

creel
верша

spearfishing
підводне
полювання

---

skiing • лижний спорт

chairlift
крісельний підйомник

ski slope
гірськолижний схил

ski run
лижна траса

safety barrier
захисний бар'єр

glove
рукавичка

ski pole
лижна палиця

ski jacket
лижна куртка

tip
носок

edge
ребро

ski
лижа

skier
лижник *m* / лижниця *f*

ski boot
лижний черевик

events • змагання

downhill skiing
гірськолижний спорт

gate
ворота

slalom
слалом

ski jump
стрибки з трампліна

cross-country skiing
лижні перегони

winter sports • зимові види спорту

ice climbing
льодолазіння

ice-skating
ковзанярський спорт

goggles
захисні окуляри

skate
ковзан

figure skating
фігурне катання

snowboarding
сноубординг

bobsleigh (UK)
bobsled (US)
бобслей

luge
санний спорт

vocabulary • словник	
avalanche лавина	**curling** керлінг
off-piste поза трасою	**biathlon** біатлон
alpine skiing гірськолижний спорт	**speed skating** швидкісне катання на ковзанах
giant slalom гігантський слалом	**dog sledding (UK)** **dogsledding (US)** катання на собачих упряжках

snowmobile
снігохід

sledging (UK)
sledding (US)
катання на санках

other sports • інші види спорту

glider
планер

hang-glider
дельтаплан

gliding
планерний спорт

hang-gliding
дельтапланеризм

parachute
парашут

rope
трос

rock climbing
скелелазіння

parachuting
стрибки з парашутом

paragliding
парапланеризм

skydiving
парашутизм

abseiling (UK)
rappeling (US)
дюльфер

bungee jumping
банджі-стрибки

racing driver (UK)
race-car driver (US)
гонщик *m*
гонщиця *f*

rally driving
ралі

motor racing (UK)
auto racing (US)
автомобільні перегони

motocross
мотокрос

motorbike racing (UK)
motorcycle racing (US)
мотоперегони

skateboard
скейтборд

skateboarding
скейтбординг

inline skating
катання на роликових
ковзанах

stick
стік

lacrosse
лакрос

mask
маска

foil
рапіра

fencing
фехтування

pin
кегля

bow
лук

arrow
стріла

quiver
колчан

archery
стрільба з лука

target
ціль

target shooting
стрільба по мішені

bowling ball
куля
для боулінгу

bowling
боулінг

snooker
снукер

pool
пул

fitness • фітнес

exercise bike
велотренажер

gym machine
силовий тренажер

bench
лавка

free weights
вільні ваги

bar
штанга

gym
тренажерний
зал

rowing machine
гребний тренажер

treadmill
бігова доріжка

cross trainer (UK)
elliptical trainer (US)
орбітрек

personal trainer
персональний тренер *m*
персональна тренерка *f*

step machine (UK)
stair machine (US)
степ тренажер

swimming pool
басейн

sauna
сауна

exercises • вправи

stretch
розтяжка

lunge
випад

press-up (UK)
push-up (US)
відтискання

dumbbell
гантель

squat
присідання

sit-up
підйом корпусу

bicep curl
згинання рук
на біцепс

leg press
жим ногами

chest press
жим лежачи

weight bar
гриф
штанги

trainers (UK)
sneakers (US)
кросівки

weight training
тренування
з обтяженням

sports bra
спортивний
бюстгальтер

jogging
біг підтюпцем

Pilates
пілатес

---

vocabulary • словник

train (v) тренуватися (д)	**flex (v)** згинати (д)	**extend (v)** розтягуватися (д)	**boxercise** боксерсайз	**spin class** велотренажери
warm up (v) розігріватися (д)	**jog on the spot (v) (UK)** **jog in place (v) (US)** бігти на місці (д)	**pull up (v)** підтягуватися (д)	**circuit training** кругові тренування	**skipping (UK)** **jumping rope (US)** скакання

leisure
дозвілля

theatre (UK) / theater (US) • театр

curtain
завіса

wings
лаштунки

set
декорація

audience
глядачі

orchestra
оркестр

stage | сцена

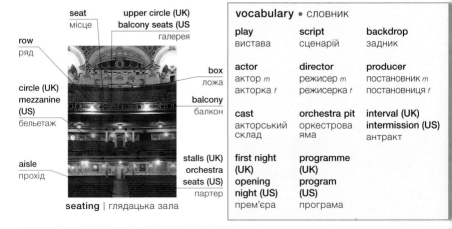

seat
місце

upper circle (UK)
balcony seats (US
галерея

row
ряд

box
ложа

circle (UK)
mezzanine
(US)
бельетаж

balcony
балкон

aisle
прохід

stalls (UK)
orchestra
seats (US)
партер

seating | глядацька зала

vocabulary • словник

play вистава	**script** сценарій	**backdrop** задник
actor актор *m* акторка *f*	**director** режисер *m* режисерка *f*	**producer** постановник *m* постановниця *f*
cast акторський склад	**orchestra pit** оркестрова яма	**interval (UK)** **intermission (US)** антракт
first night (UK) **opening night (US)** прем'єра	**programme (UK)** **program (US)** програма	

concert
концерт

musical
мюзикл

costume
костюм

ballet
балет

---

vocabulary • словник

classical music класична музика	**soundtrack** фонограма	**What time does it start?** О котрій початок?
musical score партитура	**applaud (v)** аплодувати (д)	**I'd like two tickets for tonight's performance.** Два квитки на сьогоднішню виставу, будь ласка.
usher капельдинер *m* капельдинерка *f*	**encore** біс	

opera
опера

---

cinema (UK) / movies (US)
КІНО

popcorn
попкорн

box office
каса

lobby
фоє

poster
афіша

cinema (UK)
movie theater (US)
кінотеатр

screen
екран

vocabulary • словник

comedy комедія	**thriller** трилер
romance мелодрама	**Western** вестерн
horror film (UK) **horror movie (US)** фільм жахів	**adventure film (UK)** **adventure movie (US)** пригодницький фільм
science fiction film (UK) **science fiction movie (US)** наукова фантастика	**animated film (UK)** **animated movie (US)** мультфільм

orchestra • оркестр

strings • струнні

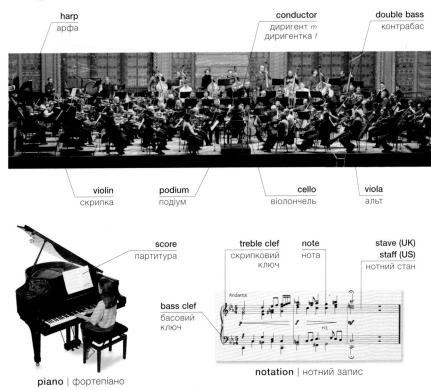

harp
арфа

conductor
диригент *m*
диригентка *f*

double bass
контрабас

violin
скрипка

podium
подіум

cello
віолончель

viola
альт

score
партитура

treble clef
скрипковий
ключ

note
нота

stave (UK)
staff (US)
нотний стан

bass clef
басовий
ключ

notation | нотний запис

piano | фортепіано

---

vocabulary • словник

overture увертюра	**sonata** соната	**rest** пауза	**sharp** дієз	**natural** бекар	**scale** гама
symphony симфонія	**instruments** інструменти	**pitch** висота звуку	**flat** бемоль	**bar** такт	**baton** диригентська паличка

---

woodwind • дерев'яні духові

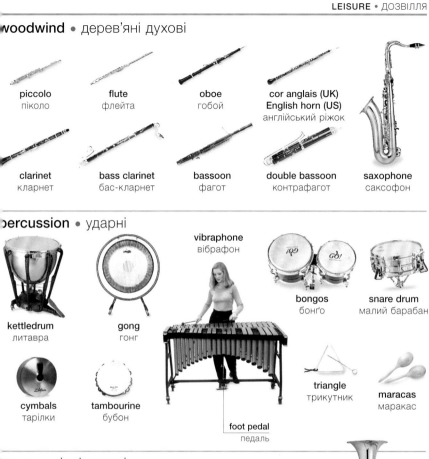

piccolo
піколо

flute
флейта

oboe
гобой

cor anglais (UK)
English horn (US)
англійський ріжок

clarinet
кларнет

bass clarinet
бас-кларнет

bassoon
фагот

double bassoon
контрафагот

saxophone
саксофон

percussion • ударні

kettledrum
литавра

gong
гонг

vibraphone
вібрафон

bongos
бонґо

snare drum
малий барабан

cymbals
тарілки

tambourine
бубон

triangle
трикутник

maracas
маракас

foot pedal
педаль

brass • мідні духові

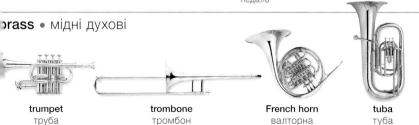

trumpet
труба

trombone
тромбон

French horn
валторна

tuba
туба

concert • концерт

fans
шанувальники

lead singer
соліст *m*
солістка *f*

guitarist
гітарист *m*
гітаристка *f*

microphone
мікрофон

drummer
барабанник *m*
барабанниця *f*

speaker
динамік

rock concert | рок-концерт

instruments • інструменти

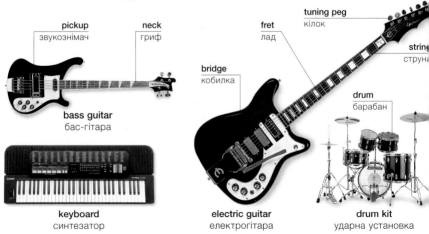

pickup
звукознімач

neck
гриф

fret
лад

tuning peg
кілок

string
струн

bridge
кобилка

drum
барабан

bass guitar
бас-гітара

keyboard
синтезатор

electric guitar
електрогітара

drum kit
ударна установка

musical styles • музичні стилі

jazz
джаз

blues
блюз

gospel
госпел

folk music
фолькмузика

pop
поп

dance music
танцювальна музика

rap
реп

heavy metal
геві-метал

classical music
класична музика

vocabulary • словник

song	lyrics	melody	beat	reggae	country	spotlight
пісня	текст пісні	мелодія	ритм	реґі	кантрі	прожектор

sightseeing • огляд пам'яток

tourist
турист *m*
туристка *f*

itinerary
маршрут

open-to
відкритий вер

tourist attraction | визначне місце

tour bus | туристичний автобус

tour guide
гід *m*
гідеса *f*

statuette (UK)
figurine (US)
статуетка

guided tour
екскурсія

souvenirs
сувеніри

---

vocabulary • словник

guidebook путівник	**entrance fee** ціна квитка	**left** ліворуч	**batteries** батарейки	**Where is… ?** Де розташовано… ?
audioguide аудіогід	**directions** напрямки	**right** праворуч	**camera** фотоапарат	**I'm lost.** Я заблукав. *m* Я заблукала. *f*
open відчинений *m* відчинена *f*	**closed** зачинений *m* зачинена *f*	**straight on (UK)** **straight ahead (US)** прямо		**Can you tell me the way to… ?** Чи можете ви підказати мені шлях до… ?

---

attractions • пам'ятки

painting
картина

exhibit
експонат

statue
статуя

monument
пам'ятник

exhibition
виставка

museum
музей

famous ruin
відомі руїни

historic building
історична споруда

casino
казино

gardens
парки

national park
національний парк

information • інформація

floor plan
план поверху

map
карта

times
час

timetable (UK)
schedule (US)
розклад

tourist information
туристичний
інформаційний
центр

outdoor activities • відпочинок на відкритому повітрі

footpath
стежка

sundial
сонячний
годинник

café
кав'ярня

park | парк

grass
трава

bench
лавка

formal gardens
класичний сад

roller coaster
американські
гірки

fairground
ярмарковий
майданчик

theme park
тематичний парк

safari park
сафарі парк

zoo
зоопарк

activities • заняття

cycling
їзда на велосипеді

jogging
біг підтюпцем

skateboarding
катання на скейті

rollerblading
катання на роликах

bridle path
доріжка для
верхової їзди

hamper (UK)
picnic basket (US)
плетений кошик

bird-watching
спостереження
за птахами

horse riding (UK)
horseback riding (US)
їзда верхи

hiking
піша мандрівка

picnic
пікнік

playground • дитячий майданчик

sandpit (UK)
sandbox (US)
пісочниця

paddling pool (UK)
wading pool (US)
дитячий басейн

swings
гойдалка

slide
гірка

climbing frame
драбинка

esaw | гойдалка балансир

beach • пляж

hotel
готель

beach umbrella
пляжна
парасолька

wave
хвиля

sea
море

sun lounger
шезлонг

sand
пісок

bikini
бікіні

trunks (UK)
swimming briefs (US)
плавки

beach bag
пляжна
сумка

sunbathe (v) | засмагати (д)

lifeguard
рятувальник *m*
рятувальниця *f*

lifeguard tower
рятувальний пост

windbreak
вітрозахисний тент

promenade (UK)
boardwalk (US)
набережна

deck chair
шезлонг

sunglasses
сонцезахисні
окуляри

sunhat (UK)
sun hat (US)
капелюх від сонця

suntan lotion
лосьйон для
засмаги

sunblock (UK)
sunscreen (US)
сонцезахисний засіб

beach ball
пляжний м'яч

rubber ring (UK)
inflatable ring (US)
надувний круг

beach towel
пляжний рушник

swimsuit
купальник

spade (UK)
shovel (US)
лопатка

bucket (UK)
pail (US)
відро

sandcastle
замок із піску

shell
мушля

camping • кемпінг

waste disposal
утилізація
відходів

toilets (UK)
restrooms (US)
туалети

shower block
душові
кабіни

electric hook-up (UK)
electric hookup (US)
підключення
до електромережі

flysheet (UK)
rain fly (US)
наметовий тент

tent peg
кілочок

guy rope
відтяжка

caravan (UK)
camper (US)
житловий
автопричіп

campsite (UK) / campground (US)
наметовий табір

---

vocabulary • словник

camp (v)
ставати табором (д)

tent pole
опора намету

picnic bench
столик з лавкою

charcoal
деревне вугілля

site manager's office
офіс адміністратора

camp bed
похідне ліжко

hammock
гамак

firelighter
розпалювач

full
місць немає

pitch a tent (v)
ставити намет (д)

camper van
автобудинок

campfire
багаття

pitch (UK)
site (US)
місце для намету

pitches available (UK)
sites available (US)
є місця для наметів

trailer
трейлер

light a fire (v)
розпалювати
вогнище (д)

frame
каркас

ground sheet
підлога намету

backpack
рюкзак

vacuum flask
термос

water bottle
фляга

tent
намет

insect repellent
засіб від комах

torch (UK) / flashlight (US)
кишеньковий ліхтар

mosquito net
сітка від комарів

thermals (UK)
thermal underwear (US)
термобілизна

walking boots (UK)
hiking boots (US)
туристичні черевики

waterproofs (UK)
rain gear (US)
водонепроникний
одяг

sleeping bag
спальний мішок

sleeping mat
туристичний килимок

camping stove
похідна газова плитка

barbecue (UK)
barbecue grill (US)
барбекю

air mattress | надувний матрац

home entertainment • домашні мультимедійні розваги

flatscreen TV
телевізор із пласким екраном

amplifier
підсилювач

loudspeaker (UK)
speaker (US)
колонка

speaker stand
стійка колонки

volume
гучність

rewind
перемотування
назад

fast forward (UK)
fast-forward (US)
перемотування
вперед

play
відтворення

pause
пауза

record
запис

stop
стоп

remote control
пульт дистанційного керування

DVD player
програвач DVD

dock
док-станція

digital box (UK)
DTV converter box (US)
цифровий приймач

digital radio
цифрове радіо

satellite dish
супутникова тарілка

controller
джойстик

console
консоль

video game | відеогра

eyecup
окуляр

screen
екран

camcorder
відеокамера

15:35

smart speaker
розумна колонка

Bluetooth speaker
Bluetooth колонка

headphones
навушники

case
чохол

wireless earphones
бездротові навушники

---

vocabulary • словник

digital цифровий	**stereo** стерео	**Wi-Fi** вайфай	**change channel (v)** змінювати канал (д)	**turn off the television (v)** вимикати телевізор (д)
advertisement реклама	**CD player** програвач CD	**smart TV** смарт ТВ	**watch television (v)** дивитися телевізор (д)	
streaming трансляція	**soundbar** саундбар	**karaoke** караоке	**cable television** кабельне телебачення	
feature film художній фільм	**programme (UK) program (US)** програма	**high-definition** висока роздільна здатність	**turn on the television (v)** вмикати телевізор (д)	

---

photography • фотографія

shutter release
спуск затвора

aperture dial
регулювання
діафрагми

lens
об'єктив

SLR camera | однооб'єктивна дзеркальна камера

filter
фільтр

lens cap
кришка об'єктива

flash gun
зовнішній спалах

light meter
експонометр

zoom lens
об'єктив із зумом

tripod
штатив тринога

types of camera • види фотоапаратів

flash
спалах

Polaroid camera
фотоапарат Polaroid

digital camera
цифровий фотоапарат

cameraphone (UK)
camera phone (US)
камерофон

disposable camera
одноразова фотокамер

270

english • українська

photograph (v) • фотографувати (д)

focus (v)
фокусувати (д)

develop (v)
проявляти (д)

negative
негатив

selfie
селфі

landscape
пейзаж

portrait
портрет

photo album
фотоальбом

**photo frame (UK)
picture frame (US)**
фоторамка

photograph | знімок

problems • проблеми

underexposed
недовитриманий

overexposed
перевитриманий

out of focus
не у фокусі

red eye
червоні очі

---

vocabulary • словник

viewfinder видошукач	**print** друк
camera case футляр камери	**matte** матовий
exposure експозиція	**gloss** глянцевий
film фотоплівка	**enlargement** збільшення

I'd like this film processed.
Мені треба проявити цю плівку.

---

games • ігри

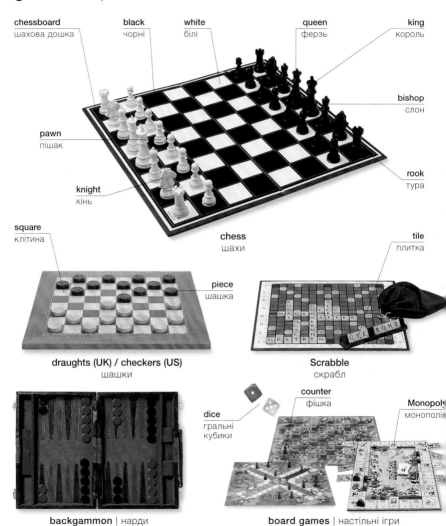

chessboard
шахова дошка

black
чорні

white
білі

queen
ферзь

king
король

bishop
слон

pawn
пішак

rook
тура

knight
кінь

chess
шахи

square
клітина

piece
шашка

tile
плитка

draughts (UK) / checkers (US)
шашки

Scrabble
скрабл

dice
гральні
кубики

counter
фішка

Monopoly
монополія

backgammon | нарди

board games | настільні ігри

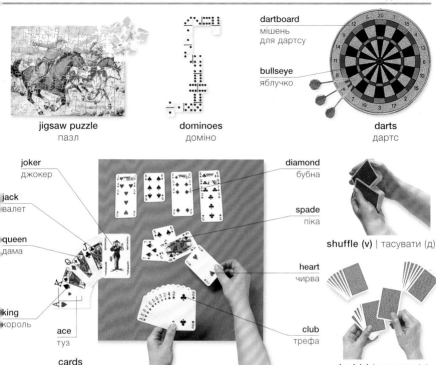

jigsaw puzzle
пазл

dominoes
доміно

dartboard
мішень
для дартсу

bullseye
яблучко

darts
дартс

joker
джокер

jack
валет

queen
дама

king
король

ace
туз

cards
карти

diamond
бубна

spade
піка

heart
чирва

club
трефа

shuffle (v) | тасувати (д)

deal (v) | здавати (д)

---

vocabulary • словник

play (v) грати (д)	**move** хід	**poker** покер	**loser** невдаха	**Roll the dice.** Кидайте кубики.
point очко	**game** гра	**bridge** бридж	**winner** переможець *m* переможниця *f*	**Whose turn is it?** Чия черга?
score рахунок	**win (v)** перемагати (д)	**suit** масть		**It's your move.** Ваш хід.
bet ставка	**lose (v)** програвати (д)	**pack of cards (UK)** **deck of cards (US)** колода карт	**player** гравець *m* гравчиня *f*	

arts and crafts (1) • мистецтво й ремесла

artist
художник *m*
художниця *f*

painting
картина

easel
мольберт

canvas
полотно

brush
пензель

palette
палітра

painting | живопис

paints • фарби

oil paint
олійна фарба

watercolour paint (UK)
watercolor paint (US)
акварельна фарба

pastels
пастель

acrylic paint
акрилова фарба

poster paint
гуаш

colours (UK) / colors (US) • кольори

red червоний	**blue** синій	**yellow** жовтий	**green** зелений
orange помаранчевий	**purple** пурпуровий	**white** білий	**black** чорний
grey (UK) **gray (US)** сірий	**pink** рожевий	**brown** коричневий	**indigo** ндиго

other crafts • інші ремесла

sketch pad
альбом для
ескізів

pencil
олівець

sketch
ескіз

charcoal
вугілля

drawing | малювання

ink
туш

printing
естампування

engraving
гравюра

stone
камінь

mallet
молоток

chisel
долото

wood
дерево

sculpting
скульптура

woodworking
різьблення по дереву

modelling tool (UK)
modeling tool (US)
формувальний
інструмент

potter's wheel
гончарний
круг

clay
глина

glue
клей

cardboard
картон

collage | колаж

pottery
гончарство

jewellery-making (UK)
jewelry-making (US)
ювелірна справа

papier-mâché
пап'є-маше

origami
оригамі

model-making
моделювання

arts and crafts (2) • мистецтво й ремесла

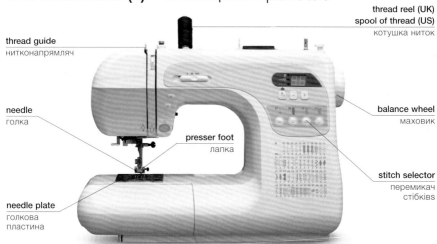

thread reel (UK)
spool of thread (US)
котушка ниток

thread guide
нитконапрямляч

needle
голка

presser foot
лапка

balance wheel
маховик

stitch selector
перемикач стібків

needle plate
голкова пластина

sewing machine | швацька машина

scissors
ножиці

pattern
викрійка

pincushion
подушечка для голок

tape measure
сантиметр

material
матеріал

pin
шпилька

sewing basket | кравецький кошик

thread
нитка

eye
петля

bobbin
шпулька

hook
гачок

thimble
наперсток

tailor's chalk
кравецька крейда

**tailor's dummy (UK)
tailor's form (US)**
кравецький манекен

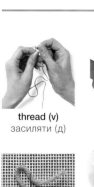

thread (v)
засиляти (д)

stitch
стібок

sew (v)
шити (д)

darn (v)
штопати (д)

tack (v)
наметувати (д)

cut (v)
кроїти (д)

needlepoint
вишивання
по канві

embroidery
вишивання

crochet hook
гачок для
плетіння

crochet
плетіння гачком

macramé
макраме

patchwork
клаптикове
шиття

lace bobbin
коклюшка

quilting
стьобання

loom
ткацький
верстат

lacemaking
мереживоплетіння

weaving
ткацтво

vocabulary • СЛОВНИК

fabric тканина	**fashion** мода
cotton бавовна	**unpick (v)** розпорювати (д)
linen льон	**designer** дизайнер *m* дизайнерка *f*
silk шовк	**zip (UK)** **zipper (US)** блискавка
polyester поліестер	
nylon нейлон	

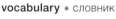

knitting needle
в'язальна спиця

knitting | в'язання

wool (UK)
yarn (US)
вовна

skein | МОТОК

environment
довкілля

space • КОСМОС

Mercury
Меркурій

Earth
Земля

Mars
Марс

Jupiter
Юпітер

Uranus
Уран

Neptune
Нептун

Pluto
Плутон

Venus
Венера

sun
Сонце

moon
Місяць

Saturn
Сатурн

solar system | Сонячна система

tail
хвіст

star
зоря

galaxy
галактика

nebula
туманність

asteroid
астероїд

comet
комета

vocabulary • словник

universe Всесвіт	**black hole** чорна діра	**crescent moon** півмісяць
orbit орбіта	**planet** планета	**full moon** повний місяць
gravity гравітація	**meteor** метеор	**new moon** новий місяць

eclipse | затемнення

space exploration • дослідження космосу

radar
радар

space shuttle
космічний
шатл

thruster
двигун
малої
тяги

crew hatch
вхідний
люк

space suit
космічний
скафандр

booster
приско-
рювач

astronaut
космонавт *m*
космонавтка *f*

lunar module | місячний модуль

launch pad
стартовий
майданчик

launch
запуск

satellite
супутник

space station
космічна станція

astronomy • астрономія

constellation
сузір'я

binoculars
бінокль

telescope
телескоп

tripod
штатив тринога

Earth · Земля

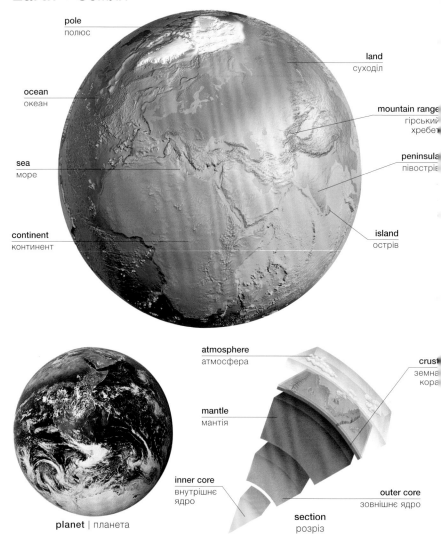

pole
полюс

land
суходіл

ocean
океан

mountain range
гірський
хребет

sea
море

peninsula
півострів

continent
континент

island
острів

atmosphere
атмосфера

crust
земна
кора

mantle
мантія

inner core
внутрішнє
ядро

outer core
зовнішнє ядро

section
розріз

planet | планета

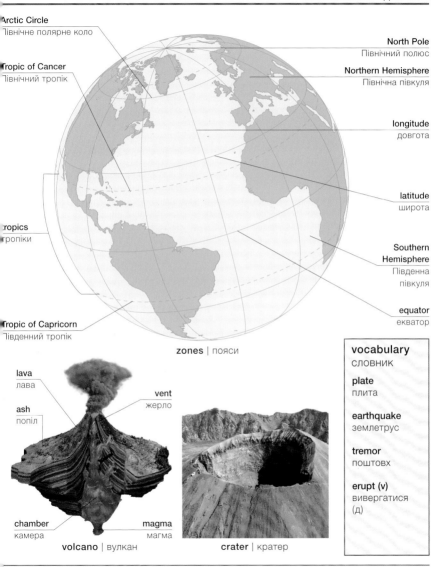

Arctic Circle
Північне полярне коло

North Pole
Північний полюс

Tropic of Cancer
Північний тропік

Northern Hemisphere
Північна півкуля

longitude
довгота

latitude
широта

Tropics
тропіки

Southern
Hemisphere
Південна
півкуля

Tropic of Capricorn
Південний тропік

equator
екватор

zones | пояси

lava
лава

vent
жерло

ash
попіл

chamber
камера

magma
магма

volcano | вулкан

crater | кратер

vocabulary
СЛОВНИК

plate
плита

earthquake
землетрус

tremor
поштовх

erupt (v)
вивергатися
(д)

landscape • ландшафт

mountain
гора

slope
схил

bank
берег

river
річка

rapids
пороги

rocks
скелі

glacier
льодовик

valley | долина

hill
пагорб

plateau
плато

gorge
ущелина

cave
печера

plain | рівнина

desert | пустеля

forest | ліс

wood (UK) / woods (US)
рідколісся

rainforest (UK)
rain forest (US)
тропічний ліс

swamp
болото

meadow
лука

grassland
пасовище

waterfall
водоспад

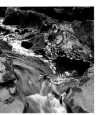
stream
струмок

lake
озеро

geyser
гейзер

coast
узбережжя

cliff
урвище

coral reef
кораловий риф

estuary
естуарій

weather • погода

exosphere
екзосфера

aurora
полярне сяйво

thermosphere
термосфера

mesosphere
мезосфера

ionosphere
іоносфера

ultraviolet rays
ультрафіолетове проміння

stratosphere
стратосфера

ozone layer
озоновий шар

troposphere
тропосфера

atmosphere | атмосфера

sunshine
сонячне світло

wind
вітер

vocabulary • словник

sleet мокрий сніг	**shower** злива	**hot** жаркий	**dry** сухий	**windy** вітряний	**I'm hot / cold.** Мені жарко / холодно.
hail град	**sunny** сонячний	**cold** холодний	**wet** дощовий	**gale** буря	**It's raining.** Дощить.
thunder грім	**cloudy** хмарний	**warm** теплий	**humid** вогкий	**temperature** температура	**It's... degrees.** Зараз... градусів.

cloud
хмара

rain
дощ

lightning
блискавка

storm
гроза

mist
імла

fog
туман

rainbow
веселка

snow
сніг

frost
іній

icicle
бурулька

ice
крига

freeze
мороз

hurricane
ураган

tornado
торнадо

monsoon
мусон

flood
повінь

rocks • гірські породи

igneous • магматичні

granite
граніт

obsidian
обсидіан

basalt
базальт

pumice
пемза

sedimentary • осадові

sandstone
пісковик

limestone
вапняк

chalk
крейда

flint
кремінь

conglomerate
конгломерат

coal
кам'яне вугілля

metamorphic
метаморфічні

slate
покрівельний
сланець

schist
кристалічний
сланець

gneiss
гнейс

marble
мармур

gems • коштовне каміння

ruby
рубін

amethyst
аметист

jet
гагат

opal
опал

diamond
діамант

moonstone
місячний
камінь

garnet
гранат

topaz
топаз

aquamarine
аквамарин

jade
нефрит

emerald
смарагд

sapphire
сапфір

tourmaline
турмалін

minerals • мінерали

quartz
кварц

mica
слюда

sulphur (UK)
sulfur (US)
сірка

hematite
гематит

calcite
кальцит

malachite
малахіт

turquoise
бірюза

onyx
онікс

agate
агат

graphite
графіт

metals • метали

gold
золото

silver
срібло

platinum
платина

nickel
нікель

iron
залізо

copper
мідь

tin
олово

aluminium (UK)
aluminum (US)
алюміній

mercury
ртуть

zinc
цинк

animals (1) • тварини

mammals • ссавці

whiskers
вуса

tail
хвіст

rabbit
кролик

hamster
хом'як

mouse
миша

rat
пацюк

hedgehog
їжак

squirrel
білка

bat
кажан

raccoon
єнот

fox
лисиця

wolf
вовк

puppy
щеня

kitten
кошеня

pup
дитинча
тюленя

dog
собака

cat
кіт

otter
видра

seal
тюлень

flipper
ласт

blowhole
дихало

sea lion
морський лев

walrus
морж

whale
кит

dolphin
дельфін

antler
оленячий ріг

mane
грива

hoof
копито

hump
горб

deer
олень

zebra
зебра

giraffe
жирафа

camel
верблюд

trunk
хобот

tusk
бивень

horn
ріг

hippopotamus
бегемот

elephant
слон

rhinoceros
носоріг

tiger
тигр

mane
грива

lion
лев

monkey
мавпа

gorilla
горила

koala
коала

pouch
сумка

panda
панда

kangaroo
кенгуру

bear
ведмідь

claw
кіготь

polar bear
білий ведмідь

animals (2) • тварини

birds • птахи

tail
хвіст

canary
канарка

sparrow
горобець

hummingbird
колібрі

swallow
ластівка

crow
ворона

pigeon
голуб

woodpecker
дятел

falcon
сокіл

owl
сова

gull
мартин

eagle
орел

pelican
пелікан

flamingo
фламінго

stork
лелека

crane
журавель

penguin
пінгвін

ostrich
страус

english • українська

reptiles • рептилії

goose | гусак

swan
лебідь

peacock
павич

pheasant
фазан

turkey
індик

cockatoo
какаду

bill (UK)
beak (US)
дзьоб

feather
перо

wing
крило

claw
пазур

parrot
папуга

scales
луска

alligator
алігатор

lizard
ящірка

iguana
ігуана

shell
панцир

turtle
морська черепаха

tortoise
суходільна черепаха

snake
змія

snout
морда

crocodile
крокодил

animals (3) • тварини

amphibians • земноводні

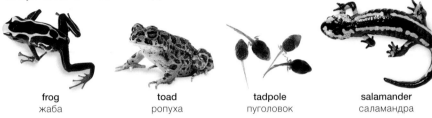

frog
жаба

toad
ропуха

tadpole
пуголовок

salamander
саламандра

fish • риби

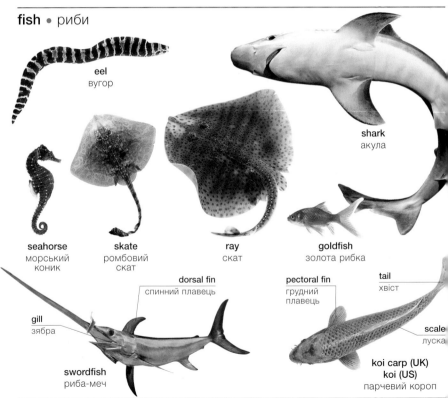

eel
вугор

shark
акула

seahorse
морський
коник

skate
ромбовий
скат

ray
скат

goldfish
золота рибка

dorsal fin
спинний плавець

pectoral fin
грудний
плавець

tail
хвіст

gill
зябра

scale
луска

swordfish
риба-меч

koi carp (UK)
koi (US)
парчевий короп

invertebrates • безхребетні

ant
мураха

termite
терміт

bee
бджола

wasp
оса

beetle
жук

cockroach
тарган

moth
міль

antenna
вусик

butterfly
метелик

cocoon
кокон

caterpillar
гусениця

cricket
цвіркун

grasshopper
коник

praying mantis
богомол

sting
жало

scorpion
скорпіон

centipede
стонога

dragonfly
бабка

fly
муха

mosquito
комар

ladybird (UK)
ladybug (US)
сонечко

spider
павук

slug
слимак

snail
равлик

worm
черв'як

starfish
морська зірка

mussel
мідія

crab
краб

lobster
лобстер

octopus
восьминіг

squid
кальмар

jellyfish
медуза

plants • рослини

tree • дерева

leaf
листок

twig
гілочка

branch
гілка

bark
кора

root
корінь

trunk
стовбур

oak
дуб

willow
верба

poplar
тополя

eucalyptus
евкаліпт

larch
модрина

beech
бук

birch
береза

pine
сосна

cedar
кедр

maple
клен

elm
в'яз

lime
липа

holly
падуб

berry
ягода

palm
пальма

flowering plant • квіткові рослини

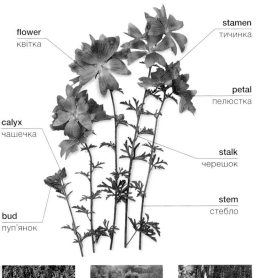

flower
квітка

stamen
тичинка

petal
пелюстка

calyx
чашечка

stalk
черешок

stem
стебло

bud
пуп'янок

buttercup
жовтець

daisy
ромашка

thistle
будяк

dandelion
кульбаба

heather
верес

poppy
мак

foxglove
наперстянка

honeysuckle
жимолость

sunflower
соняшник

clover
конюшина

bluebells
дзвоники

primrose
первоцвіт

lupins (UK)
lupines (US)
люпин

nettle
кропива

city • місто

alley
провулок

apartment block (UK)
apartment building (US)
житловий будинок

street
вулиця

bollard (UK)
barrier (US)
дорожня
тумба

shop (UK)
store (US)
магазин

square
майдан

street corner
ріг вулиці

streetlight
вуличне
освітлення

kerb (UK)
curb (US)
бордюр

pavement (UK)
sidewalk (US)
тротуар

car park (UK)
parking lot (US)
автостоянка

one-way system
односторонній
рух

buildings • будівлі

town hall
міськрада

library
бібліотека

cinema (UK)
movie theater (US)
кінотеатр

theatre (UK)
theater (US)
театр

university
університет

skyscraper
хмарочос

areas • райони

industrial estate (UK)
industrial park (US)
промислова зона

city centre (UK)
downtown (US)
центр міста

suburb
передмістя

village
село

school
школа

---

vocabulary • словник

pedestrian zone пішохідна зона	**side street** бічна вуличка	**manhole** люк	**gutter** риштак	**church** церква
avenue проспект	**office block (UK)** **office building (US)** офісна будівля	**bus stop** автобусна зупинка	**drain** каналізація	**factory** фабрика

architecture • архітектура

buildings and structures • будівлі та споруди

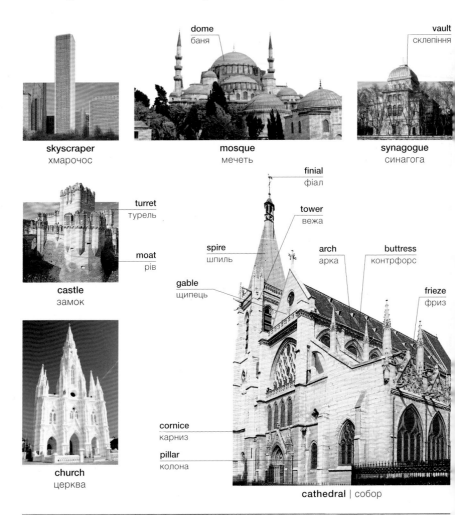

skyscraper
хмарочос

dome
баня

mosque
мечеть

vault
склепіння

synagogue
синагога

turret
турель

moat
рів

castle
замок

finial
фіал

tower
вежа

spire
шпиль

arch
арка

buttress
контрфорс

gable
щипець

frieze
фриз

church
церква

cornice
карниз

pillar
колона

cathedral | собор

dam
дамба

bridge
міст

temple I храм

styles • стилі

architrave
архітрав

choir
хор

Rococo
рококо

Gothic
готичний

Renaissance
Відродження

Baroque
бароко

pediment
фронтон

Neoclassical
неокласичний

Art Nouveau
модерн

Art Deco
ар-деко

reference
довідка

time • час

minute hand
хвилинна
стрілка

hour hand
годинна
стрілка

second hand
секундна
стрілка

clock
годинник

vocabulary • словник

second секунда	**now** зараз	**half an hour** пів години
minute хвилина	**later** пізніше	**forty minutes** сорок хвилин
hour година	**twenty minutes** двадцять хвилин	**a quarter of an hour** чверть години

What time is it?
Котра година?

It's three o'clock.
Зараз третя година.

five past one
п'ять по першій

ten past one
десять по першій

quarter past one
чверть на другу

twenty past one
двадцять по першій

twenty-five past one
двадцять п'ять
по першій

one thirty
пів на другу

twenty-five to two
за двадцять
п'ять друга

twenty to two
за двадцять друга

quarter to two
за чверть друга

ten to two
за десять друга

five to two
за п'ять друга

two o'clock
друга година

night and day • ніч і день

midnight
північ

sunrise
схід сонця

dawn
світанок

morning
ранок

sunset
захід сонця

midday (UK) / noon (US)
полудень

dusk
сутінки

evening
вечір

afternoon
пообідній час

---

vocabulary • словник

early рано	**You're early.** Ви рано.	**Please be on time.** Будь ласка, будьте вчасно.	**How long will it last?** Як довго це триватиме?
on time вчасно	**You're late.** Ви запізнились.	**I'll see you later.** Побачимося згодом.	**What time does it finish? (UK)** **What time does it end? (US)** О котрій завершення?
late пізно	**I'll be there soon.** Я скоро буду там.	**What time does it start?** О котрій початок?	**It's getting late.** Уже пізно.

---

calendar • календар

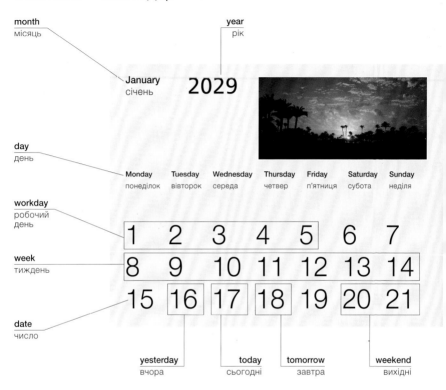

month
місяць

year
рік

January
січень

2029

day
день

Monday	Tuesday	Wednesday	Thursday	Friday	Saturday	Sunday
понеділок	вівторок	середа	четвер	п'ятниця	субота	неділя

workday
робочий день

| 1 | 2 | 3 | 4 | 5 | 6 | 7 |

week
тиждень

| 8 | 9 | 10 | 11 | 12 | 13 | 14 |

| 15 | 16 | 17 | 18 | 19 | 20 | 21 |

date
число

yesterday
вчора

today
сьогодні

tomorrow
завтра

weekend
вихідні

vocabulary • словник

January січень	**March** березень	**May** травень	**July** липень	**September** вересень	**November** листопад
February лютий	**April** квітень	**June** червень	**August** серпень	**October** жовтень	**December** грудень

years • роки

1900 nineteen hundred • тисяча дев'ятисотий

1901 nineteen oh one • тисяча дев'ятсот перший

1910 nineteen ten • тисяча дев'ятсот десятий

2000 two thousand • двотисячний

2001 two thousand and one • дві тисячі перший

seasons • пори року

spring	**summer**	**autumn (UK)**	**winter**
весна	літо	**fall (US)**	зима
		осінь	

vocabulary • словник

millennium тисячоліття	**last week** минулий тиждень	**weekly** щотижня	**What's the date today?** Яке сьогодні число?
century століття	**this week** цей тиждень	**monthly** щомісяця	
decade десятиліття	**next week** наступний тиждень	**annual** щорічний	**It's February the seventh.** Сьогодні сьоме лютого.
fortnight (UK) **two weeks (US)** два тижні	**the day before yesterday** позавчора	**the day after tomorrow** післязавтра	

numbers • числа

0 zero • нуль		**20** twenty • двадцять
1 one • один		**21** twenty-one • двадцять один
2 two • два		**22** twenty-two • двадцять два
3 three • три		**30** thirty • тридцять
4 four • чотири		**40** forty • сорок
5 five • п'ять		**50** fifty • п'ятдесят
6 six • шість		**60** sixty • шістдесят
7 seven • сім		**70** seventy • сімдесят
8 eight • вісім		**80** eighty • вісімдесят
9 nine • дев'ять		**90** ninety • дев'яносто
10 ten • десять		**100** one hundred • сто
11 eleven • одинадцять		**110** one hundred and ten (UK) one hundred ten (US) • сто десять
12 twelve • дванадцять		**200** two hundred • двісті
13 thirteen • тринадцять		**300** three hundred • триста
14 fourteen • чотирнадцять		**400** four hundred • чотириста
15 fifteen • п'ятнадцять		**500** five hundred • п'ятсот
16 sixteen • шістнадцять		**600** six hundred • шістсот
17 seventeen • сімнадцять		**700** seven hundred • сімсот
18 eighteen • вісімнадцять		**800** eight hundred • вісімсот
19 nineteen • дев'ятнадцять		**900** nine hundred • дев'ятсот

1,000 one thousand • тисяча

10,000 ten thousand • десять тисяч

20,000 twenty thousand • двадцять тисяч

50,000 fifty thousand • п'ятдесят тисяч

55,500 fifty-five thousand five hundred • п'ятдесят п'ять тисяч п'ятсот

100,000 one hundred thousand • сто тисяч

1,000,000 one million • мільйон

1,000,000,000 one billion • мільярд

first
перший m
перша f

second
другий m
друга f

third
третій m
третя f

fourth
четвертий m
четверта f

fifth
п'ятий m / п'ята f

sixth
шостий m
шоста f

seventh
сьомий m
сьома f

eighth
восьмий m
восьма f

ninth
дев'ятий m
дев'ята f

tenth
десятий m / десята f

eleventh
одинадцятий m
одинадцята f

twelfth
дванадцятий m
дванадцята f

thirteenth
тринадцятий m
тринадцята f

fourteenth
чотирнадцятий m
чотирнадцята f

fifteenth
п'ятнадцятий m
п'ятнадцята f

sixteenth
шістнадцятий m
шістнадцята f

seventeenth
сімнадцятий m
сімнадцята f

eighteenth
вісімнадцятий m
вісімнадцята f

nineteenth
дев'ятнадцятий m
дев'ятнадцята f

twentieth
двадцятий m
двадцята f

twenty-first
двадцять перший m
двадцять перша f

twenty-second
двадцять другий m
двадцять друга f

twenty-third
двадцять третій m
двадцять третя f

thirtieth
тридцятий m
тридцята f

fortieth
сороковий m
сорокова f

fiftieth
п'ятдесятий m
п'ятдесята f

sixtieth
шістдесятий m
шістдесята f

seventieth
сімдесятий m
сімдесята f

eightieth
вісімдесятий m
вісімдесята f

ninetieth
дев'яностий m
дев'яноста f

(one) hundredth
сотий m
сота f

weights and measures • міри ваги й довжини

area • площа

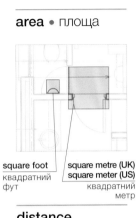

square foot
квадратний фут

square metre (UK)
square meter (US)
квадратний метр

distance
відстань

kilometre (UK)
kilometer (US)
кілометр

mile
миля

pan
чаша ваг

pound
фунт

ounce
унція

kilogram
кілограм

gram
грам

KRUPS

scales (UK) / scale (US) | ваги

vocabulary • словник

yard ярд	**milligram** міліграм	**measure (v)** вимірювати (д)
metre (UK) **meter (US)** метр	**tonne (UK)** **ton (US)** тонна	**weigh (v)** зважувати (д)

length • довжина

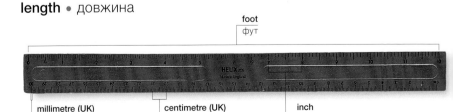

foot
фут

HELIX 300
Made in England

millimetre (UK)
millimeter (US)
міліметр

centimetre (UK)
centimeter (US)
сантиметр

inch
дюйм

capacity • місткість

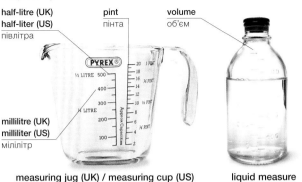

half-litre (UK)
half-liter (US)
півлітра

pint
пінта

volume
об'єм

measuring jug (UK) / measuring cup (US)
мірна ємність

millilitre (UK)
milliliter (US)
мілілітр

liquid measure
міра об'єму рідини

container • тара

carton
картонний пакет

packet
паперовий пакет

bottle
пляшка

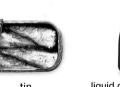

bag
мішок

tub | контейнер

jar | слоїк

tin
консервна банк

liquid dispenser (UK)
spray bottle (US)
пульверизатор

bar
брусок

tube
тюбик

roll
рулон

can
бляшанка

spray can
аерозольний балон

world map • карта світу

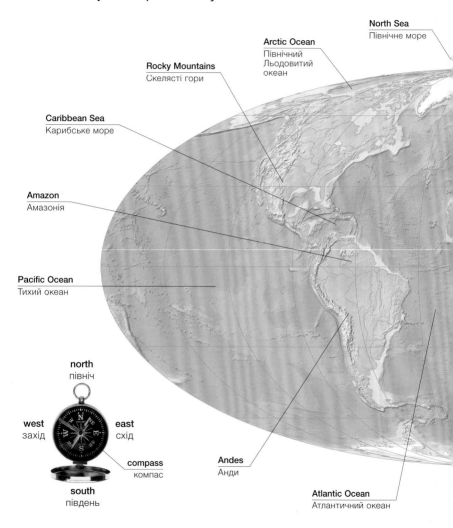

North Sea
Північне море

Arctic Ocean
Північний
Льодовитий
океан

Rocky Mountains
Скелясті гори

Caribbean Sea
Карибське море

Amazon
Амазонія

Pacific Ocean
Тихий океан

north
північ

west
захід

east
схід

compass
компас

south
південь

Andes
Анди

Atlantic Ocean
Атлантичний океан

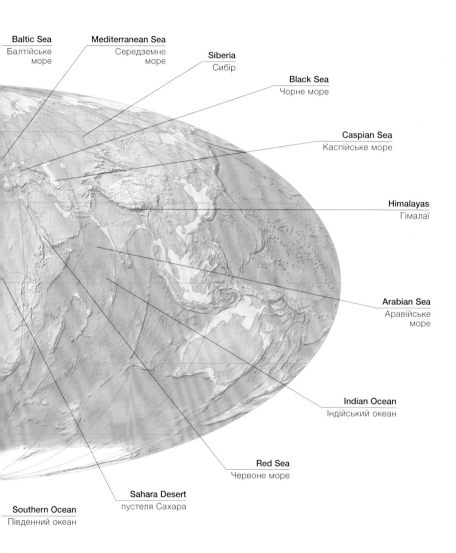

Baltic Sea
Балтійське
море

Mediterranean Sea
Середземне
море

Siberia
Сибір

Black Sea
Чорне море

Caspian Sea
Каспійське море

Himalayas
Гімалаї

Arabian Sea
Аравійське
море

Indian Ocean
Індійський океан

Red Sea
Червоне море

Sahara Desert
пустеля Сахара

Southern Ocean
Південний океан

North and Central America
Північна й Центральна Америка

Barbados
Барбадос

Canada
Канада

Costa Rica
Коста-Рика

Cuba
Куба

Jamaica
Ямайка

Mexico
Мексика

Panama
Панама

Trinidad and Tobago
Тринідад і Тобаго

United States of America
Сполучені Штати Америки

Antigua and Barbuda
Антигуа і Барбуда

Bahamas • Багамські Острови

Barbados • Барбадос

Belize • Беліз

Canada • Канада

Costa Rica • Коста-Рика

Cuba • Куба

Dominica • Домініка

Dominican Republic
Домініканська Республіка

El Salvador • Сальвадор

Greenland • Гренландія

Grenada • Гренада

Guatemala • Гватемала

Haiti • Гаїті

Hawaii • Гаваї

Honduras • Гондурас

Jamaica • Ямайка

Mexico • Мексика

Nicaragua • Нікарагуа

Panama • Панама

Puerto Rico • Пуерто-Рико

St Kitts and Nevis (UK) /
St. Kitts and Nevis (US)
Сент-Кіттс і Невіс

St Lucia (UK) /
St. Lucia (US)
Сент-Люсія

St Vincent and the
Grenadines (UK) /
St. Vincent and
the Grenadines (US)
Сент-Вінсент і Гренадини

Trinidad and Tobago
Тринідад і Тобаго

United States of America
Сполучені Штати Америки

South America
Південна Америка

Argentina
Аргентина

Bolivia
Болівія

Brazil
Бразилія

Chile
Чилі

Colombia
Колумбія

Ecuador
Еквадор

Peru
Перу

Uruguay
Уругвай

Venezuela
Венесуела

Argentina • Аргентина

Bolivia • Болівія

Brazil • Бразилія

Chile • Чилі

Colombia • Колумбія

Ecuador • Еквадор

Falkland Islands
Фолклендські острови

French Guiana • Гвіана

Galapagos Islands
Галапагоські острови

Guyana • Гаяна

Paraguay • Парагвай

Peru • Перу

Suriname • Суринам

Uruguay • Уругвай

Venezuela • Венесуела

vocabulary
СЛОВНИК

continent
континент

country
країна

nation
нація

state
держава

colony
колонія

principality
князівство

province
провінція

territory
територія

zone
зона

district
район

region
регіон

capital
столиця

Europe • Європа

France
Франція

Germany
Німеччина

Italy
Італія

Poland
Польща

Portugal
Португалія

Spain
Іспанія

Albania • Албанія
Andorra • Андорра
Austria • Австрія
Balearic Islands
Балеарські острови
Belarus • Білорусь
Belgium • Бельгія
Bosnia and Herzogovina
Боснія і Герцеговина
Bulgaria • Болгарія
Croatia • Хорватія
Cyprus • Кіпр
Czech Republic • Чехія
Denmark • Данія
England • Англія
Estonia • Естонія
Finland • Фінляндія
France • Франція
Germany • Німеччина
Greece • Греція
Hungary • Угорщина
Iceland • Ісландія

Ireland • Ірландія
Italy • Італія
Kaliningrad • Калінінград
Kosovo • Косово
Latvia • Латвія
Liechtenstein
Ліхтенштейн
Lithuania • Литва
Luxembourg • Люксембург
Malta • Мальта
Moldova • Молдова
Monaco • Монако
Montenegro • Чорногорія
Netherlands • Нідерланди
North Macedonia
Північна Македонія
Northern Ireland
Північна Ірландія
Norway • Норвегія
Poland • Польща
Portugal • Португалія
Romania • Румунія

Russian Federation
Російська Федерація
San Marino • Сан-Марино
Sardinia • Сардинія
Scotland • Шотландія
Serbia • Сербія
Sicily • Сицилія
Slovakia • Словаччина
Slovenia • Словенія
Sweden • Швеція
Switzerland • Швейцарія
Ukraine • Україна
United Kingdom
Велика Британія
Vatican City • Ватикан
Wales • Уельс

Africa • Африка

Egypt
Єгипет

Ethiopia
Ефіопія

Kenya
Кенія

Nigeria
Нігерія

South Africa
Південна Африка

Uganda • Уганда

Algeria • Алжир
Angola • Ангола
Benin • Бенін
Botswana • Ботсвана
Burkina Faso • Буркіна-Фасо
Burundi • Бурунді
Cameroon • Камерун
Central African Republic
Центральноафриканська
Республіка
Chad • Чад
Comoros
Союз Коморських Островів
Congo • Конго
**Democratic Republic
of the Congo**
Демократична
Республіка Конго
Djibouti • Джибуті
Egypt • Єгипет
Equatorial Guinea
Екваторіальна Гвінея

Eritrea • Еритрея
Eswatini • Есватіні
Ethiopia • Ефіопія
Gabon • Габон
Gambia • Гамбія
Ghana • Гана
Guinea • Гвінея
Guinea-Bissau • Гвінея-Бісау
Ivory Coast • Кот-д'Івуар
Kenya • Кенія
Lesotho • Лесото
Liberia • Ліберія
Libya • Лівія
Madagascar • Мадагаскар
Malawi • Малаві
Mali • Малі
Mauritania • Мавританія
Mauritius • Маврикій
Morocco • Марокко
Mozambique • Мозамбік
Namibia • Намібія

Niger • Нігер
Nigeria • Нігерія
Rwanda • Руанда
São Tomé and Príncipe
Сан-Томе і Принсіпі
Senegal • Сенегал
Sierra Leone
Сьєрра-Леоне
Somalia • Сомалі
South Africa
Південна Африка
South Sudan
Південний Судан
Sudan • Судан
Tanzania • Танзанія
Togo • Того
Tunisia • Туніс
Uganda • Уганда
Western Sahara
Західна Сахара
Zambia • Замбія
Zimbabwe • Зімбабве

Asia • Азія

Bangladesh
Бангладеш

China • Китайська
Народна Республіка

India
Індія

Japan
Японія

Jordan
Йорданія

Philippines
Філіппіни

South Korea
івденна Корея

Thailand
Таїланд

Türkiye (Turkey)
Туреччина

Afghanistan Афганістан

Armenia • Вірменія

Azerbaijan • Азербайджан

Bahrain • Бахрейн

Bangladesh • Бангладеш

Bhutan • Бутан

Brunei • Бруней

Cambodia • Камбоджа

China • Китайська Народна
Республіка

East Timor • Східний Тимор

Georgia • Грузія

India • Індія

Indonesia • Індонезія

Iran • Іран

Iraq • Ірак

Israel • Ізраїль

Japan • Японія

Jordan • Йорданія

Kazakhstan • Казахстан

Kuwait • Кувейт

Kyrgyzstan • Киргизстан

Laos • Лаос

Lebanon • Ліван

Malaysia • Малайзія

Maldives • Мальдіви

Mongolia • Монголія

Myanmar (Burma) М'янма

Nepal • Непал

North Korea • Північна Корея

Oman • Оман

Pakistan • Пакистан

Philippines • Філіппіни

Qatar • Катар

Saudi Arabia
Саудівська Аравія

Singapore • Сінгапур

South Korea
Південна Корея

Sri Lanka • Шрі-Ланка

Syria • Сирія

Tajikistan • Таджикистан

Thailand • Таїланд

Türkiye (Turkey) • Туреччин

Turkmenistan • Туркменіста

Oceania • Океанія

Indonesia
Індонезія

Saudi Arabia
Саудівська Аравія

Vietnam
В'єтнам

United Arab Emirates
Об'єднані Арабські Емірати
Uzbekistan • Узбекистан
Vietnam • В'єтнам
Yemen • Ємен

Australia
Австралія

New Zealand
Нова Зеландія

Australia • Австралія
Fiji • Фіджі
New Zealand • Нова Зеландія
Papua New Guinea • Папуа Нова Гвінея
Solomon Islands • Соломонові острови
Tasmania • Тасманія
Vanuatu • Вануату

particles and antonyms • частки та протилежності

to до	**from** від	**along** уздовж	**across** через
over над	**under** під	**with** із	**without** без
in front of перед	**behind** позаду	**before** перед	**after** після
onto на	**into** в	**by** до	**until** поки
in в	**out** з	**early** рано	**late** пізно
above вище	**below** нижче	**now** зараз	**later** пізніше
inside усередині	**outside** зовні	**always** завжди	**never** ніколи
up вгору	**down** вниз	**often** часто	**rarely** рідко
at в	**beyond** поза	**yesterday** учора	**tomorrow** завтра
through крізь	**around** довкола	**first** перший *m* / перша *f*	**last** останній *m* / остання *f*
on top of зверху	**beside** збоку	**every** кожний *m* / кожна *f*	**some** деякий *m* / деяка *f*
between між	**opposite** навпроти	**about** приблизно	**exactly** точно
near близько	**far** далеко	**a little** трохи	**a lot** багато
here тут	**there** там	**for** для	**towards (UK) / toward (US** назустріч

large
великий m / велика f

small
малий m / мала f

hot
гарячий m
гаряча f

cold
холодний m
холодна f

wide
широкий m / широка f

narrow
вузький m / вузька f

open
відчинений m
відчинена f

closed
зачинений m
зачинена f

tall
високий m / висока f

short
короткий m / коротка f

full
повний m / повна f

empty
порожній m / порожня f

high
високий m / висока f

low
низький m / низька f

new
новий m / нова f

old
старий m / стара f

thick
товстий m / товста f

thin
тонкий m / тонка f

light
світлий m / світла f

dark
темний m / темна f

light
легкий m / легка f

heavy
важкий m / важка f

easy
простий m / проста f

difficult
складний m / складна f

hard
твердий m / тверда f

soft
м'який m / м'яка f

free
вільний m / вільна f

occupied
зайнятий m / зайнята f

wet
мокрий m / мокра f

dry
сухий m / суха f

strong
сильний m / сильна f

weak
слабкий m / слабка f

good
добрий m / добра f

bad
поганий m / погана f

fat
гладкий m / гладка f

thin
худий m / худа f

fast
швидкий m / швидка f

slow
повільний m / повільна f

young
молодий m / молода f

old
старий m / стара f

correct
правильний m
правильна f

wrong
неправильний m
неправильна f

better
кращий m / краща f

worse
гірший m / гірша f

clean
чистий m / чиста f

dirty
брудний m / брудна f

black
чорний m / чорна f

white
білий m / біла f

beautiful
красивий m
красива f

ugly
потворний m
потворна f

interesting
цікавий m / цікава f

boring
нудний m / нудна f

expensive
дорогий m / дорога f

cheap
дешевий m / дешева f

sick
хворий m / хвора f

well
здоровий m / здорова f

quiet
тихий m / тиха f

noisy
шумний m / шумна f

beginning
початок

end
кінець

useful phrases • корисні фрази

essential phrases
необхідні фрази

Yes
Так

No
Ні

Maybe
Можливо

Please
Будь ласка

Thank you
Дякую

You're welcome
Прошу

Excuse me
Перепрошую

I'm sorry
Вибачте

Don't
Не треба

OK
Гаразд

That's fine
Чудово

That's correct
Правильно

That's wrong
Неправильно

greetings
вітання

Hello
Привіт

Goodbye
До побачення

Good morning
Доброго ранку

Good afternoon
Добрий день

Good evening
Добрий вечір

Good night
Добраніч

How are you?
Як справи?

My name is…
Мене звати…

What is your name?
Як вас звати?

What is his / her name?
Як його / її звати?

May I introduce…
Дозвольте
представити…

This is…
Це…

Pleased to meet you
Приємно
познайомитися

See you later
Побачимося згодом

signs • ВИВІСКИ

Tourist information
Туристична довідка

Entrance
Вхід

Exit
Вихід

Emergency exit
Запасний вихід

Push
Від себе

Danger
Небезпечно

No smoking
Курити
заборонено

Out of order
Не працює

Opening times
Час роботи

Free admission
Вхід вільний

Open all day
Відчинено
цілодобово

Reduced
Знижена ціна

Sale
Розпродаж

Wheelchair access
доступ для
інвалідних візків

help • допомога

I'm deaf
Я глухий / Я глуха

I'm blind
Я сліпий / Я сліпа

Can you help me?
Чи не могли б ви
допомогти?

I don't understand
Я не розумію

I don't know
Я не знаю

Do you speak English
Ви говорите
англійською?

Do you speak Ukrainian?
Ви говорите
українською?

I speak English
Я говорю англійською

Please speak more slowly
Будь ласка, говоріть
повільніше

Please write it down for me
Будь ласка, напишіть
це для мене

have lost…
Я загубив…
Я загубила…

directions
напрямки

I am lost
Я заблукав
Я заблукала

Where is the… ?
Де розташовано… ?

**Where is the
nearest… ?**
Де найближчий… ?

**Where are the
toilets? (UK)**
**Where is the
restroom? (US)**
Де туалет?

**How do I
get to… ?**
Як дістатися до… ?

To the right
Праворуч

To the left
Ліворуч

Straight ahead
Прямо

How far is… ?
Як далеко до… ?

road signs
дорожні знаки

All directions
Усі напрямки

Caution
Обережно

No entry (UK)
**Do not
enter (US)**
В'їзд заборонено

Slow down
Знизьте швидкість

Diversion (UK)
Detour (US)
Об'їзд

**Keep to the
right (UK)**
Keep right (US)
Тримайтеся правого
боку

Motorway (UK)
Freeway (US)
Автомагістраль

No parking
Паркуватися
заборонено

No through road (UK)
Dead end (US)
«Тупик»

One-way street
Вулиця
з одностороннім
рухом

Other directions
Інші напрямки

Residents only
Лише для
мешканців

Give way (UK)
Yield (US)
Уступіть дорогу

Roadworks (UK)
Roadwork (US)
Дорожні роботи

Dangerous bend (UK)
Dangerous curve (US)
Небезпечний
поворот

accommodation
помешкання

I have a reservation
У мене є резервація

**Where is the dining
room?**
Де їдальня?

My room number is…
Номер моєї
кімнати…

**What time is
breakfast?**
О котрій сніданок?

**I'll be back at…
o'clock**
Я повернусь о…
годині

I'm leaving tomorrow
Я виїжджаю завтра

eating and
drinking
їжа та напої

Cheers!
Будьмо!

It's delicious / awful
Це смачно / гидотно

I don't drink / smoke
Я не п'ю / палю

I don't eat meat
Я не їм м'яса

**No more for me,
thank you**
Мені досить, дякую

**May I have
some more?**
Можна мені ще?

**May we have
the bill? (UK)**
**May we have
the check? (US)**
Можна нам рахунок?

Can I have a receipt?
Можна чек?

Smoking area
Зона для курців

health
здоров'я

I don't feel well
Мені недобре

I feel sick
Мене нудить

Will he / she be alright?
Із ним / нею все буде
гаразд?

It hurts here
Болить отут

**I have a
temperature (UK)**
I have a fever (US)
У мене температура

**I'm… months
pregnant**
Я на… місяці
вагітності

**I need a prescription
for…**
Мені потрібен рецепт
на…

I normally take…
Зазвичай я
приймаю…

I'm allergic to…
У мене алергія на…

український покажчик • Ukrainian index

українська

українська

Г

Ґ

Д

українська

українська

українська

українська

українська

українська

українська

українська

українська

українська

українська

українська

англійський покажчик • English index

english

english

english

english

english

english

english

english

english

english

english

english

ПОДЯКИ • acknowledgments

DORLING KINDERSLEY would like to thank senior picture researchers Deepak Negi and Sumedha Chopra, assistant picture researcher Samrajkumar S, and proofreaders Diana Vowles, Catharine Robertson, Chuck Hutchinson, Sam Cooke, Ruth Raisenberger.

The publisher would like to thank the following for their kind permission to reproduce their photographs:
Abbreviations key: (a-above; b-below/bottom; c-centre; f-far; l-left; r-right; t-top)

123RF.com: Aicandy 188fbr; Andriy Popov 34tl; Arthousestudio 265fcla; Astemmor 208c; avigatorphotographer 216bl; Brad Wynnyk 172bc; Cladanifer 25fclb; Daniel Ernst 179c; Hongqi Zhang 24cla; 175cr; Ingvar Bjork 60c; Koonsiri Scla, 92-93; Kobby Dagan 259c; Krisharat 25ftl; Lightfieldstudios 35tr; Liubov Vadimovna (Luba) Nel 39cla; Lupco Smokovski 75crb; Olegtronov 176fcl; Olga Popova 39a; Peopleimages12 41tl; Robert Churchill 94c; Roman Gorielov 33bc; Ruslan Kudrin 35bc, 35br; Subbotina 39cra; Sutichak Yachaingkham 39tc; Tarzhanova 37tc; Vitaly Valua 39tl; Wilawan Khasawong 75cb; **Action Plus:** 224bc; **Alamy Images:** 154t; Alex Segre 150t; A.T. Willett 287bcl; Alex Segre 105ca; Andrew Barker 195fcl; Ambrophoto 24cra; Art Directors & TRIP / Helene Rogers 115bl; artpartner-images.com 181lc; Ben Queenborough 231crb; Boaz Rottem 209cr; Cultura RM 33r; Bernhard Classen 97bc; David Burton 177clb; Carl DeAbreu 264t; Cavan Images 247fcla; Chicken Strip 112fbr; Chris George 271bc; Destina 176crb; Dorling Kindersley Ltd 266t; Dorling Kindersley Ltd / Vanessa Davies 74ftr; dpa picture alliance 112t; Doug Houghton 107fbr; Doug Houghton 213fclb; Gianni Muratore 195ftr; Henri Martin 182ca; Hideo Kurihara 212t; Hugh Threlfall 35tl; Hugh Threlfall 268bl; Ian Townsley 260cr; Ifeelstock 96cr; Incamerastock / ICP-UK 112fcrb; Issac Rose 54fcr; Jeff Gilbert 213fcrb; keith morris 178c; Majestic Media Ltd / Duncan Thomas 221br, 223crb; Nikreates 268crb; Nathaniel Noir 114bl; MBI 175tl; Michael Foyle 184bl; Olaf Doering 213br; Oleksiy Maksymenko 105tc; Paul Maguire 186t; Pally 294bl; Paul Weston 168br; Prisma Bildagentur AG 246b; Simone Hogan 241cla; Radharc Images 197tr; Ruslan Kudrin 176tl; Sasa Huzjak 258t; Sergey Kravchenko 37ca; Sergio Azenha 270bc; Stock Connection 287bcr; tarczas 35cr; Ton Koene 213ca; Transport Infrastructures / Paul White 216t; Trekandshoot 194c; Robert Stainforth 98tl; vitaly suprun 176cl; Wavebreak Media Ltd 34t, 174b, 175tr; Wavebreakmedia Ltd IP-200810 234fcl; **Allsport/Getty Images:** 238cl; **Arcaid:** John Edward Linden 301bl; Martine Hamilton Knight, Architects: Richard Bryant 301br; **Bosch:** 76tc, 76tcl; **Camera Press:** 38tr, 257cr; Barry J. Holmes 148tr; Jane Hanger 159cr; Mary Germanou 259bc; **Corbis:** 78b; Anna Clopet 247tr; Ariel Skelley / Blend Images 52l; Bettmann 181tr; Bo Zauders 156cb; Bob Winsett 247cbl; Brian Bailey 247br; Craig Aurness 215cbl; David H.Wells 249cbr; Dennis Marsico 274bl; Dimitri Lundt 236bc; Duomo 211tl; Gail Mooney 277ctcr; George Lepp 248c; Gerald Nowak 239b; Gunter Marx 248cr; Jack Hollingsworth 231bl; James L. Amos 247bl, 191cr, 220bbl; Jan Butchofsky 277cbc; Johnathan Blair 243cr; Jose F. Poblete 191br; Jose Luis Pelaez.Inc 153tc; Karl Weatherly 220bl, 247cr; Kelly Mooney Photography 259tl; Kevin Fleming 249bc; Kevin R. Morris 105tc, 243tl, 243tc; Kim Sayer 249tcr; Lynn Goldsmith 258t; Macduff Everton 231bcl; Mark Gibson 249bl; Mark L. Stephenson 249tcl; Mike King 247cbl; Pablo Corral 115bc; 249ctcl; Paul J. Sutton 224c, 224br; Phil Schermeister 227b, 248tr; R. W. Jones 309; Rick Doyle 241ctr; Robert Holmes 97br, 277ctc; Roger Ressmeyer 169tr; Russ Schleipman 229; The Purcell Team 211crcl; Wally McNamee 220br, 220bcl, 224bl; Wavebreak Media Ltd 191bc; Yann Arhus-Bertrand 249tl; **Depositphotos Inc:** Londondeposit 262br; **Demetrio Carrasco / Dorling Kindersley (c) Herge / Les Editions Casterman:** 112cal; **Dixons:** 270cl, 270cr, 270bl, 270bcl, 270fbr, 270ccr; **Dorling Kindersley:** Banbury Museum 35bc; Five Napkin Burger 152t; **Dreamstime.com:** Adempercem 197cb; Akesin 191tl; 191cr; Aleksandar Todorovic 300bl; Anan Budtviengpunth 299cra; Andersastphoto 176tc; Andrey Popov 181tl, 55fcra, 190ftr; Anna Eremeeva 82crb; Anna Griessel 25cra; Anna Tolipova 297ftr; Anatoliy Samara 311tc; Anton Matveev 2bl; Arenaphotouk 209tr; Arne9001 190tl; Arnel Manalang 195fbr; Artzzz 201b; Avagyanlevon 269cla; Birgit Reitz Hofmann 144ca; Bonandbon Dw 154bc; Bright 199tr; Chaos 26c; Chernetskaya 60tc, 240tc; Christian Offenberg 99fl; Colicaranica 210t; Dimaberkut 240cr; Dmitry Markov 5fcla, 56-57; Dvmsimages 196bc; Dzmitry Rishchuk 152t; Eakkachai Halang 101fbl; Ekostsov 198fbl; Elena Masiutkina 105fcrb; Ellesi 197br; Evgeny Karandaev 145br; Exiledphoto 1ca (Golf Balls), 5fcrb, 218-219; Gradts 76ftr; Grigor Ivanov 82bl; Gutaper 176br; Hasan Can Balcioglu 261c; Hxdbzxy 5cra, 102-103; Hywit Dimyadi 184clb; Iannia Filiomov 115tr; Ivan Danik 4fcrb, 146-147; Ivan Katsarov 201t; Ilfede 215clb; Inmicco 269tc; Isselee 292fcrb; Jamesteohart 290br; Jiri Hera 269tc; John Takai 227b; Jon Helgason 177tr; Kaspars Grinvalds 177crb; Kenny Tong 5tr, 10-11; Kineticimagery 5bl, 302-303; Konstantinos Moraitis 199tl; Lah 249crb; Larry Gevert 1ca (peppers), 5fcra, 116-117; Leonid Andronov 208clb; Leo Daphne 145cb; Leen Beunens 299tl; Iuliia Diakova 15tr; Natalia Brzaslavsky 101cl; Natvishena 268bc; Njnightsky 70bl; Nuwan Fernandez 177tr; Maciej Bledowski 95c, 206br; Madrugadaverde 298; Maksim Toome 199ftr; Maniapixel 215tr; Matthias Ziegler 191ftl; Mfhold 4fcra, 42-43; Micha Rojek 177tc; Mtff32 197bl; Mike Vaya 199cr; Mikeal Keal 269cra; Mohamed Osama 75fbl; Monkey Business Images 26clb, 100t, 169tl; Monticello 145ftl; Olena Turovtseva 216br; Olga Plugatar 271clb (X2), 271fcla; Pac 268clb; Paolo De Santis 26ftr; Patricia Hofmeester 233cra; Paul Michael Hughes 162tr; Petro Perutskyy 199bl; Phanuwatn 269cl; Photka 213fcra; Ponomarenko

152cr; Roza 300tc; Ryzhov Sergey 138t; Schamie 176cl; Seanlockephotography 189clb; Sean Pavone 301tl; Shariff Che\' Sjors737 277cb; Serghei Starus 190bc; Sergey Galushko 77ftl; Sergey Tolmachyov 270br; Serezniy 48crb; Steafpong 97bl; Sutsaiy 66bl; Takcrane3 198t; Tatiana3337 1ca (multicolor), Theerasak Tammachuem 269cr, 5fclb, 160-161; Trak 256t; Tyler Olson 168crb; Vetkit 189fclb; Volodymyr Melnyk 231ca, 235fcrb; Wang Song 250br, 261cr; Wirestock 169c; Zerbor 296tr; **Education Photos:** John Walmsley 26tl; **Getty Images:** 287tr; 94tr; Corbis Historical / Christopher Pillitz 169cr; George Doyle & Ciaran Griffin 22cr; David Leahy 162tl; DigitalVision / David Leahy 163tl; DigitalVision / We Are 227cra; Don Farrall / Digital Vision 176c; Ethan Miller 270bl; Imi St Clair 179bl; Jeff Bottari 236br; LightRocket / SOPA Images 237bfl; Sean Justice / Digital Vision 24br; The Image Bank / Michael Dunning 235cra; **Getty Images / iStock:** akel150sb 154bl, AndyBoman 304 (Digital Clock X3), Archideaphoto 268t, Babayev 76fcrb, Bluesky85 213tl, Bluestocking 268cb, Bonetta 66fbr, Svetlana Borisova 286cr, Bulgn 112br, Hadzhi Hristo Chorbadzhi 260tl, DigitalVision Vectors / youngID 96cb, E+ / Adamkaz 206bl, E+ / Aldomurillo 189cra, E+ / AnVr 144bl, E+ / BraunS 231br, E+ / Dean Mitchell 55ftr, E+ / FG Trade 179ftl, E+ / Fly View Productions 96t, E+ / Ivan Pantic 206bc, E+ / Joel Carillet 215br, E+ / JohnnyGreig 104t, E+ / Jondpatton 196br, E+ / Kali9 186bl, 190clb, E+ / Lorato 115bc, E+ / Mbbirdy 66fclb, E+ / Pagadesign 97tr, E+ / Petko Ninov 198fbr, E+ / Satoshi-K 259crb, E+ / SDI Productions 55fbl, E+ / SolStock 221clb, E+ / South_agency 114br, E+ / Studiocasper 270tc, E+ / Sturti 186bc, E+ / Tashi-Delek 179ftr, E+ / Tempura 48clb, E+ / Tolgart 34br, FamVeld 246tr, Farakos 176cr, FG Trade 188fbl, Gannet77 96c, Grinvalds 99cr, Gumpanat 97cl, Kckate16 188fcla, Kommercialize 208cb, Leedsn 241cra, Sompong Lekhawattana 97tl, LeventKonuk 76cr, Liz Leyden 115tc, LightFieldStudios 169cl, Andrii Lysenko 114tl, Karan Mathur 191cra, MicroStockHub 96clb, Mladi61 166cla, 196-197ca, Moumita Mondal 27fcr, Monkeybusinessimages 49crb, Yaman Mutart 105bl, Nojman 276t, OfirPeretz 195ftl, Prostock-Studio 5clb, 170-171, 188crb, RuslanDashinsky 81tl, Scaliger 208t, Kazuma Seki 188bl, Deepak Sethi 271ftr, SimonSkafar 1ca (Cornflowers), 5fbl, 278-279, Stocktrek Images 215bl, TACrafts 199cra, Teamtime 210b, The Image Bank / Ryan McVay 247cra, Tilo 69ftr, Toxitz 99cl, Alla Tsyganova 148tl, Tunatura 287cc, Universal Images Group / Andia 106t, Andik Tri Witanto 209cra, Chunyip Wong 5crb, 192-193, YakubovAlim 55crb, Zdenkam 23bl, Drazen Zigic 49ftr; Sofia Zhuravets 40l; **Hulsta:** 70t; **Ideal Standard Ltd:** 72r; **The Image Bank/Getty Images:** 58t; **iStockphoto.com:** asterix0597 163tl; EdStock 190br; RichLegg 26bc; **MP Visual.com:** Mark Swallow 202t; **NASA:** 280cr, 280ccl, 281tl; **P A Photos:** 181br; **Plain and Simple Kitchens:** 66t; **Red Consultancy:** Odeon cinemas 257br; **Rex Features:** 106br, 259tc, 259bl, 280b; Charles Ommaney 114cr; J.F.F Whitehead 243cl; Scott Wiseman 287bl; **Science & Society Picture Library:** Science Museum 202b; **Science Photo Library:** IBM Research 190cla; NASA 281cr; **Shutterstock.com:** Africa Studio 198bl, Akkalak Aiempradit 26cla, BearFotos 245clb, BearFotos 246t, Radu Bercan 213bl, Comeback Images 246t, Creative Lab 115ca, Odin Daniel 214bl, Diamant24 60fclb, Early Spring 100br, Dmytro Falkowskyi 196-197cb, freevideophotoagency 241cr, Giuseppe_R 4fbr, 252-253, Kaspars Grinvalds 1ca (Shirts), 5ftr, 28-29, 175clb, Michal Karpinski 114cl, Ground Picture 26ftr, 100fbr, Haveseen 246b, HelloRF Zcool 168t, Joseph Hendrickson 59tl, Nigel Jarvis 214bc, Mkfilm 287br, New Africa 71tr, 75ftr, 77cra, Eline Oostingh 215cb, SeventyFour 232bl, Ilya Sviridenko 185fbr, Alla Tsyganova 114fbl, zcw 77ca; **SuperStock:** Ingram Publishing 62; Juanma Aparicio / age fotostock 172t; **Sony:** 268bc; **Neil Sutherland:** 82tr, 90t, 118, 188ctr, 196tr, 299cl, 299bl; **Vauxhall:** 199cl, 200.

DK PICTURE LIBRARY:
Akhil Bahkshi; Patrick Baldwin; Geoff Brightling; British Museum; John Bulmer; Andrew Butler; Joe Cornish; Brian Cosgrove; Andy Crawford and Kit Hougton; Philip Dowell; Alistair Duncan; Gables; Bob Gathany; Norman Hollands; Kew Gardens; Peter James Kindersley; Vladimir Kozlik; Sam Lloyd; London Northern Bus Company Ltd; Tracy Morgan; David Murray and Jules Selmes; Musée Vivant du Cheval, France; Museum of Broadcast Communications; Museum of Natural History; NASA; National History Museum; Norfolk Rural Life Museum; Stephen Oliver; RNLI; Royal Ballet School; Guy Ryecart; Science Museum; Neil Setchfield; Ross Simms and the Winchcombe Folk Police Museum; Singapore Symphony Orchestra; Smart Museum of Art; Tony Souter; Erik Svensson and Jeppe Wikstrom; Sam Tree of Keygrove Marketing Ltd; Barrie Watts; Alan Williams; Jerry Young.

Additional photography by Colin Walton.

Colin Walton would like to thank:
A&A News, Uckfield; Abbey Music, Tunbridge Wells; Arena Mens Clothing, Tunbridge Wells; Burrells of Tunbridge Wells; Gary at Di Marco's; Jeremy's Home Store, Tunbridge Wells; Noakes of Tunbridge Wells; Ottakar's, Tunbridge Wells; Selby's of Uckfield; Sevenoaks Sound and Vision; Westfield, Royal Victoria Place, Tunbridge Wells.

All other images © Dorling Kindersley